U0863326

# 百味之祖

## 行走在盐的世界

曹羽◎著

河北大学出版社
·保定·

# 百味之祖——行走在盐的世界

曹羽　著

出 版 人：朱文富
责任编辑：邓一鸣
装帧设计：傳薪BOOKs DESIGN
责任校对：赵　麟
责任印制：常　凯

**图书在版编目（CIP）数据**

百味之祖：行走在盐的世界 / 曹羽著. —— 保定：河北大学出版社，2021.7

ISBN 978-7-5666-1820-7

Ⅰ. ①百… Ⅱ. ①曹… Ⅲ. ①盐业史－研究－中国
Ⅳ. ①F426.82

中国版本图书馆CIP数据核字（2021）第002929号

出版发行：河北大学出版社
地址：保定市莲池区七一东路2666号　邮编：071000
电话：0312-5073033　0312-5073029
邮箱：hbdxcbs818@163.com　网址：www.hbdxcbs.com
经　　销：全国新华书店
印　　制：保定市正大印刷有限公司
幅面尺寸：185mm×245mm
印　　张：14.5
字　　数：210千字
版　　次：2021年7月第1版
印　　次：2021年7月第1次
书　　号：ISBN 978-7-5666-1820-7
定　　价：58.00元

版权所有　翻印必究

# 大味必淡（代序）

◇ 闻　章

《百喻经》载，有一人，做客他家，饭菜寡淡无味。主人加盐少许，滋味马上好起来。此人想，只丁点盐，即鲜美若此，况多乎？于是归家之后，大把吃盐。

想想那后果，不说也知道。

好滋味离不开盐。

好滋味不得多盐。

好厨师其实多是好在放盐上，不是多放，而是少放。少到不能再少。俗话说“十个厨子九个淡”。一句话兜底。

朋友开餐馆，允我拟一联。于是我拟：盐调百味须少许；姜通七窍应多些。

大味必淡。

但这淡，却是建立在盐的基础上。没有盐，何来咸淡？没有咸淡，何来滋味？

亏了有盐。

我们就在盐的调理下，滋滋味味每一天。却没有谁想到盐的重要，更没有谁想到为盐作一个传，梳理一下它，认定一下它，彰显一下它，讴歌一下它。

真是愧对。

突然有个曹羽，悄然来做了这件事。

一位弱女子，似乎云淡风轻，突然就担当起本该大丈夫来担当的一件事，不由让人惊诧，随后便是赞叹。后来想，由她来做，却又是必然。不仅仅因为她是作家，文字经营得当；也不仅仅因为她是教师，在长期的“幼吾幼以及人之幼”中，一颗心愈发细腻与宏大；更在于她是茶人，懂茶，一杯水能被她吃出千般滋味，并写出了一部《茶亦醉人何必酒》的书。茶与盐，有异曲同工之处，都离不开品，因此她能得其妙谛。还有即是生她养她的那块地土即在海边，历属盐山境域，只是在近代，才新划出一个黄骅界。如今那里也还在盛产海盐。且这黄骅，还有一座“河北盐业博物馆”。近水楼台，明月独得，这样一说，倒让人生羡慕。

这是为曹羽找理由，其实却是为我等懒人找借口。

盐，天天见，天天佐饭。本咸，天天咸，反而淡，淡到司空见惯。不就是盐么，有什么好说？曹氏女却说了这么多，厚厚一部书，且真的好：好景致、好因缘、好情怀。以盐为经，以事为纬，用心编织，如锦缎般展示到处的绮丽，如剥茧般剥离当时的奇崛。都是被卤浸过的，被盐腌过的，被岁月调理过的，被人心滋养过的。滋味万千，原来苦涩的，也已经变得幽深；原来淡浅的，也已经变得浓厚。原来我只知道海盐，或者还有乡民自已熬的土盐，现在知道井盐、池盐以及盐商、盐运诸事。粗说无非咸淡，细挖却风情各异。她也不只说盐，而是旁及人文，“黄帝战蚩尤”“伯乐泣马”“管仲‘官山海’”“关羽出身”“李叔同家世”“徽班进京”等，人文历史本就斑驳深刻，深刻到程度，才知道跟盐不无关联。

盐的目的，就是用来调和的。调和到恰好，才见滋味。如作者所说：“小到一盘菜肴，大到一个国家，如果缺少适中的盐来调和，都是寡淡无力的。”因此，作者在说盐，却也是在借盐说别的。好比一盐拌众菜，盐是滋味，被拌的种种无不是滋味。以滋味拌滋味，才是真滋味。

多年之前，我就喜欢曹羽的文字，觉得她真是会，就像她弄茶，或者教书，似乎只是随意，却又弄出种种的恰好。这次，依然是不经意，却又多出了一些大度和宽宏，疏朗的文字之间，更见思维的缜密。似乎真是淡了，淡若大味。

不信，您尝来。

2020年5月4日于石门花开堂

# 目 录

# 引子：探百味之祖

在含弘斋坐定，尚未动笔，没有一丝征兆，我竟然泪流满面，如同远古的盐泉汩汩。

我这是怎么了？泪和盐都是咸的，莫非上天非要我用这样的仪式接引盐？我默默地流着泪，一边听着梵乐，一边听着自己的心。

没有悲伤，没有沉重，我的心很平静，也很清亮，如结晶后的盐一样剔透。用这样的心情读盐，也许才是最好的礼敬。

今日小雨，带了浅秋的凉，心也就越发地沉静。已经不知道这是第几次走进小城的盐业博物馆了，盐和盐背后的那些东西，莫名呼唤了我，让我一次又一次地走近，如痴如醉，欲罢不得。

这是一座古朴的建筑，也是一个幽静的所在。罗哲文先生手书的“河北盐业博物馆”的牌匾，在秋雨中愈发凝重。两侧门廊是当代书法家陈茂才的墨迹，上联“商周开滩滩涂结燥玉”，下联“夙氏煮海海水化盐山”。进门，卵石铺院，假山翠竹，小桥流水，这个北方的院子，锁住了江南的温婉。

盐业博物馆门口“天工开物”的牌匾，是朴拙而厚重的隶书，连同两边的对联“千灶煮海凝玉屑；万灶纳潮起雪山”，都是我的同宗叔叔曹延生的墨迹。一步迈进去，就踏上了五六千年的华夏盐踪，每走一步，都是惊心动魄。从远古时期，原始部落夙沙氏开始海水煮盐，到舜帝的《南风歌》，再到李冰开凿广都盐井，海盐、池盐、井矿盐，这些天人赋予的神品，在生活里平常得如日子，其背后，却有那么多不为人知的震撼。

吃的都是盐，可盐和盐的滋味不同，就如同过的都是日子，日子和日子却不一样。盐，古人称为“百味之祖”，为什么被人们淡忘成“开门七件事：柴米油盐酱醋茶”里的咸？是生活的粗粝让一颗温软的心麻木了？还是行走的节奏过于匆忙让一双明慧的眼迷离了？我不得而知。我只知道，如果遗忘了百味之祖，本不立则道不生，活着便真的无滋无味了。

我是喜欢书的，书养了我一身的书卷气；我也是喜欢茶的，茶养了我一身静气。如今，我又迷恋上了盐，我会从中得到什么呢？

小城的海盐博物馆，一直是游人寥寥，我每次来，和那些古老对视，都会感觉到一股厚重和力量。盐是雄性的，是阳刚的，它不是江南飞雪小桥流水，它是大漠孤烟黄河落日。我一介小女子，能否担负得起那份沧桑？

突然想到了村田珠光和一休禅师学茶的一个故事。

一日，一休问他：“要以怎样的规矩吃茶？”珠光答：“学习荣西禅师的《吃茶养生记》，为健康而吃茶。”一休就给他讲赵州“吃茶去”的公案，然后问他：“关于赵州‘吃茶去’的回答，你怎么看？”珠光默默捧起心爱的茶碗，喝的一刹那，一休举起铁如意棒，大喝一声打碎。

珠光一动不动，向一休行礼离座。走到玄关，一休叫了声：“珠光！”“是！”珠光应后转过身来。“刚才我问你吃茶的规矩，但如果抛开一切无心吃茶时将如何？”

珠光静静地回答：“柳绿花红。”

这样想时，所有的那些顾虑如盐在水中化开。我是一个不辍行走的路人，在路上，是我生命的永恒姿态；行走，是我一生中最美的侧影。行走在文化的路上，我只为柳绿花红。

如此行走，我不沉重。

# 第一章　井盐

## 千年盐都一声叹

让历史记住李冰的，不只有都江堰，还有一个鲜为人知却彪炳千古的贡献，那就是中国第一口盐井——广都盐井。以井矿盐著称于世的自贡，有一个井神——梅泽庇佑着，他挖掘了全世界第一口超千米的深井——燊海井。这种小口径的卓筒井，被称为古代“四大发明”之外的“第五大发明”。在自贡，凝视那些古文明的碎片：天车、古井、笕道、盐灶、古道、盐帮菜……这一切，不都是在直观阐释着天、地、人的文化之根吗？道法自然，天人合一，才是永恒的法则。

◎黄宾虹　青城山色图

# 古井深处

让历史记住李冰的，不只有都江堰，还有一个鲜为人知却彪炳千古的贡献，那就是中国第一口盐井——广都盐井。以井矿盐著称于世的自贡，有一个井神——梅泽庇佑着，他挖掘了全世界第一口超千米的深井——燊海井。这种小口径的卓筒井，被称为古代“四大发明”之外的“第五大发明”。在自贡，凝视那些古文明的碎片：天车、古井、笕道、盐灶、古道、盐帮菜……这一切，不都是在直观阐释着天、地、人的文化之根吗？道法自然，天人合一，才是永恒的法则。

## 一

立秋了，夏舍不了岁月，在暑热和秋凉之间纠结。我可是等不及了，一个华丽转身，踏上了前往千年盐都自贡的路。

爱人送我去机场，我让他猜谜：无处不在，无声无息。他张口就来：道。我“扑哧”一声笑了。我本来是想说盐的，爱人这么一岔，我突然发现盐和道真的是如出一辙。或者说，盐是另一种道。

每一样东西的临世，都会带了一个美丽的传说。以井矿盐著称于世的自贡，也是一直有一个井神庇佑着，那就是梅泽。传说梅泽是一个擅长狩猎的人，南宋王象之在《舆地纪胜》卷一六七《富顺监》中记述：

惠泽庙在监郭下，井地主金川神姓王，井主梅泽神姓梅。梅本夷人，在晋太康元年，因猎，见石上有泉，饮之而咸，遂凿石三百尺，咸泉涌出，煎之成盐，居人赖焉。梅死，官立为祠。

晋代一个少数民族猎人梅泽，一身阳刚之气，偶尔发现了一个盐泉，成为自贡人自古膜拜的井神，这终是会折射一些物质追求之外的东西的。

陶渊明的《桃花源记》中，记载了一个晋代的武陵渔人发现桃花源的奇遇。同样的时代，猎人梅泽发现盐泉，容易让人联想起古代的那些隐者，诸如渔樵啊等，他们隐于山林，吹拂着泉下之风，灵魂高蹈于世，确实值得后人膜拜。井神梅泽，我更愿意把他理解为以出世精神过入世生活的一个古代四川少数民族的高人。

较之梅泽这个阳刚至极的井神形象，四川盐源县白盐井井神开山姥姥的传说，则要阴柔得多了。清《盐源县志》卷十《人物·仙释》记载了这个优美而动人的传说：

开山姥姥，塌耳山夷女。少韬晦，不自修饰，誓不适人。年及笄，唯司牧羊之役。羊饮于池，迹之，见白鹿群游，尝其水而咸，指以告人，因掘井汲煎，获盐甚佳，即今之白盐井也。煎盐成，姥无疾而逝，身有异香，民共祀之。

两个传说，异曲同工，耐人寻味：一个阳刚的狩猎者，一个美丽的牧羊女，都是生活于天地自然的夷人——一阳，一阴，在太极之道上，这是中国文化的母根。

下了飞机，我只身去了都江堰。不去都江堰，不算到四川。参观都江堰这个世界文化遗产，我不单纯是在寻觅四川成为“天府之国”的源头，更是为的走近一个人。

看过了鱼嘴，看过了飞沙堰，看过了宝瓶口，一路水声相伴，我来到了供奉李冰父子的双王庙。双王庙建在内江的山峰上，山壁峻嶒嶙峋，双王庙巍峨高峻，很多游人望而却步，我却执意攀爬。一个巨人，值得我仰着脸一步一步走近。庙壁上，刻了治水三字经“深淘滩，低作堰”和八字真言“遇湾截角，逢正抽心”，直到20世纪，这些仍是水利工程的圭臬。

我认为，作为战国时期秦的四川郡守，李冰的意义不在官位，而在学者：官位是流动的岷江水，学者是万古流芳的都江堰。不羡高官，不慕巨财，我却是发自内心地敬重学者，更何况，是李冰这样一个大学者。

除都江堰外，李冰还主持修建了岷江流域的其他水利工程，如“导洛通山，洛水或出瀑布，经什邡、郫，别江”“穿石犀溪于江南”“冰又通笮汶井江，经临邛与蒙溪分水白木江”“自湔堤上分羊摩江”等。只是古籍无有详载。

除了都江堰，李冰还有另一个鲜为人知却彪炳千古的贡献，那就是开凿了中国第一口盐井——广都盐井。《华阳国志·蜀志》有记载：“又识齐水脉，穿广都盐井诸陂池，蜀于是盛有养生之饶焉。”

有别于梅泽和牧羊女发现盐泉，这一次真的不是传说。

但李冰真的是个传奇。他生活在秦，都城在咸阳，也就是现在的西安，属关中平原，那里水利灌溉一直很先进，如李冰一样的水利专家不鲜见。而开凿盐井，需要丰富的地质经验，李冰又是怎么做到的呢？这就不能不再次提到李冰的家乡——山西运城，那个著名的天然盐池的所在地。也算是钟灵毓秀吧，对盐踪的寻觅，李冰自然多了很多经验和灵气。

都江堰，一条淡水河；广都盐井，一眼咸水泉，都在历史长河中流淌了两千多年，一个清甜，一个咸涩，如生命的欢歌和苍凉。学者李冰，就这样流进了永恒的时光。我离他越近，他越是走不出我的心。

## 二

在成都换乘去自贡的大巴，有挎篮子的川女兜售黄桷兰，一元一

◎齐白石 溪流垂钓图

串，三枚，花瓣晶莹得像月亮做成的，挂在手腕上，一路沁人心脾的清香。

川南是浅丘，灵山秀水，像四川的俏女子，美得让人挪不动视线。一路心柔柔的，蓦然，一架天车，如一个阳刚的男人一样出现了，那么突兀，又那么雄性，在川南的秀气里，是那么醒目，那么震撼。

我知道，自贡到了。天车，是自贡的名片。

千年盐都自贡，是一座很有意思的文化名城。

中国历史上的郡县城市，有两种情况：一是“筑城以卫君，造郭以守民”，这是最传统的设置原则，如古长安、洛阳、南京等；一是“因利所以聚人，因人所以成邑”，这是基于经济的原因发展起来的城市，如景德镇、佛山等。自贡因为井盐业的繁荣载誉天下，属于后一种。

自贡，是自流井和贡井的合称，这两眼井附属于自贡的两个县——荣县和富顺县，自贡市是1939年设立的，属于典型的“因盐设市”。也可以这么说，自贡在历史深处，是隐藏于荣县和富顺身上的，随着井盐业一千五百多年的茁壮成长，它日渐从荣县和富顺的母体身上分离，一个转身，王者归来，统辖了这两个地方。而这出扑朔迷离的历史剧的主角，就是盐。

下榻自贡市自由路上的白云宾馆，这是自贡的老区，“半城青山半城楼”的旧貌仍是依稀可见，那条千年盐运水道——釜溪河缓缓地流淌，溪畔行人亦是一派从容、淡定。

在街道间信步，随处都可嗅到盐的味道。自流井一条街、盐马路、竹子市……那些地名儿，大都直接间接和井盐有关，据说有二百八十处之多。我在釜溪河畔散步，一抬眼，便是“盐帮传人”食府；一回身，是“溪畔居”茶楼，走上茶楼，在临窗竹椅坐下，泡一杯自带的千年野生古树茶——黄金芽，伴了茶香，我静品自贡的咸味儿。

自贡的历史，是一部很有意思的井盐兴盛史。

早在东汉章帝时期（76—88年），古人就开凿了自贡地区第一口盐井。该井产盐甚多，获利自然大，被称为“富世盐井”，北周因之设富世县。南北朝时（420—589年）又开凿了另一口井——大公井，日后又因之设公井镇。和李冰的广都盐井一样，这两口井都是大口井，和普通的饮水井无二。这是自贡市的肇始。

自明嘉靖初年（1522年）以后的二百多年，盐业经济逐渐成熟。富世盐井日渐颓圮，荣溪水滨自流井的开凿，带来了经济的一个飞跃，至明代，自流井一带已经是自贡最大的产盐区。而荣溪河对岸的大公井，因为外来人口的大量融入，口音上成了“贡井”；一说是因井盐是呈给皇上的贡品，得名贡井。总之，自流井和贡井，为“自贡”的得名做了很好的铺垫。

到了19世纪中叶，自贡已经跃居全国最大的井矿盐生产基地，和盐相关的大量行业也随之兴盛。自贡，这个东方神秘的盐都，也吸引了西方探险者的目光。

清光绪十四年（1888年），美国学者弗吉尔·哈特一行到自流井一带骑马沿山道实地考察。回国后，哈特在《自流井考察记》里，动情地描述了当时的盛况。“平坦光滑的山脊上浮现出许多高耸入云的木质井架”，“隐隐可见，巍然屹立，这不可想象的中国景象，在帝国其他地方也难以见到……此时，我们在全世界能够再找到一个规模这样宏大的企业吗？”“这里显示出在其他城镇见不到的富裕和商业繁荣景象”，“店里充斥着不少舶来品……一派熙熙攘攘的景象”……考察了盐井，考察了烧盐的盐灶，哈特最后造访了一位盐业主，当他问及业主从事盐业的时间，业主哈哈大笑，“我们从明朝的开国皇帝开始经营，至今已经有二十代人啦。”业主的儿子一旁侧立，身着丝绸，戴一块银质怀表，和父亲商量着准备去上海引进外国机器开凿盐井。这一切的一切，都让哈特惊叹。

今天，我带着对中华文化的膜拜，还有和哈特一样的热情，追怀盐文化的身影，自豪也落寞，那种滋味不好言传。端起茶盏，一眼迷蒙，浅酌，却有很深的韵，从心底升起。

华灯初上，窗外的釜溪河，如静谧的浴女一样迷离。不远处，是郭沫若题名的自贡市盐业历史博物馆，也是1939年自贡建市后的政府所在地。我心想，太阳再度升起时，一定去看看。

## 三

有天车处，必有盐井。只可惜，自贡天车林立的时代已是过往云烟。仅存的十八架天车，已经成了国宝。

自贡还有一样国宝，也是世界遗产，那就是恐龙。去自贡恐龙博物馆，学者黄健专门找了曾给中央领导做讲解的小姑娘为我解说。小姑娘纤巧秀美，吐字如兰，亲和大方，把自贡恐龙的来龙去脉梳理得清晰明白。虽说行行出状元，可状元成为状元，正如放翁的“功夫在诗外”，各行各业莫不如是。“君子不器”，孔子早就点出了个中原委。

自贡产盐，还有恐龙，这要追溯到远古的地质时代。三叠纪时代，四川盆地周边还是一片汪洋大海；随着地壳和气温的不断变化，侏罗纪时代，已经有很多的恐龙生活于此；到了白垩纪，气温的骤变等诸多原因导致了恐龙的灭绝和盐层的形成；再以后，就有了恐龙化石博物馆和千年盐都。漫长的历史也不过就是这么三言两语，把历史放在宇宙里，一切弹指一挥间，匆匆得让你来不及叹息。唯有好好活着。

自贡，是一个创造奇迹的地方。它的另一个奇迹，就是挖掘了全世界第一口超千米的深井——燊海井，领先美国七百五十年。许慎的《说文解字》释“井”说：八家汲一井，象形字，井像架构的井栏，像取水的水罐儿，古代尧臣伯益发明了水井。以后“井”引申为家园和秩序之类，如背井离乡、井然有序等。而自贡盐井这个国际性开凿技术的发明者，却是那些为躲避赋税私自开盐井的川南夷人，这不能

◎制盐（一）

不让人讶然不已。没有文明，不谈秩序，只是凭着原始的生存本能，用脚蹬着，一下一下不停歇地开凿，护念于一处，精进不已，不经意间，打通了一切，卤水喷出的那一刻，便如修行者见到了西方琉璃世界的大光明界。

学者黄健，一路用川南语吟诵着苏轼的《江城子》，眨眼间，我们便到了位于自贡市大安区长堰塘附近的世界第一口超千米盐井——燊海井。一介凡夫，站在了雄奇的珠穆朗玛峰的脚下，那该是一种什么感觉？反正第一次站在燊海井面前，我就懂了什么是无言。

雄性的天车，豪气干云地直插云霄，昔日需要几头牛才能拉动的汲卤车，像是一个无限夸张了的大纺车，一切都是那么的古朴、厚重。也许最好的东西都是最朴素的，较之于这些隆重的铺排，那口超千米的燊海井却像个世外高人一样，丝毫也不打眼。碗口粗的井口，石头的井栏，润润的，低头闻上去，一股子腌鸡蛋的味道，那是卤水和天然气混合的气味。

和古老的大口盐井不同的是，燊海井是小口径的卓筒井。被英国科学史专家李约瑟称为“中国古代第五大发明”的卓筒井，发明于北宋庆历年间（1041—1048年），而凿井所用的冲击式顿钻凿井法，在《中国井盐科技史》和《中国钻探技术史》中，被国际学术界誉为“现代钻井之父”“西方石油工业之父”。北宋大文豪苏轼在《蜀盐说》中也有记载：

自庆历皇以来，蜀始创“卓筒”。用圆刀凿山如斗大，深者至数十丈。以巨竹去节，牝牡相衔为井，以隔横入淡水，则咸泉自上。

陆游亦曾感叹：“若荣州则井绝小，仅容一竹筒，真海眼也。”拂去那些炫目的光环，大道至简，我这样理解卓筒井的初衷：源于古老的舂米手法，采伐天然的楠竹资源，凿地植竹，在天高皇帝远的青山绿水间，养着一口井，养活一家人。

◎ 制盐（二）

很多经典，追本溯源，原本就是这么素朴和简单。

沿着一个木质台阶，黄健带我走进煮盐的灶房，我再一次无言惊叹了。那是清中叶一个古老的手工灶坊，八个平板铁锅，分两排摆开，依次煮着燊海井汲上来的黑卤，灶底燃烧着同卤水一同开采的天然气。三两个赤膊的阳刚工人，正用大铁铲不停地搅拌着那些逐渐熬制成功的盐花。井盐是用豆浆过滤的，所以白花花得如雪般晶莹，整个灶房热气腾腾，丝毫没有海盐的咸腥，却散发着一股很清甜的江南气息。灶坊的旁边是一个空荡荡的账房，木格子老窗，陈设了几张简单的老桌椅。这样的空落，恰好装满了一屋子的追怀，我一下子有了穿越的惆怅和酣畅。

那些老井，都是历史深处散落在时光里的盐的精灵。

## 四

那些精灵，也都是文化的代言。不用出声，那份古老的高贵气质，会让每一个膜拜者折服。

大安区的另一处吉成井盐业文化遗址，至今保留了世界上最大的天车群，四架天车，和仅剩的十三个辊工，都是非物质文化遗产。这个数字，让人欣慰又悲凉。

值得高兴的是，为了唤起人们对这座千年盐都的历史记忆，自贡人始终在精心打造着那些盐的文化元素：古井、天车、古道、老街、盐帮菜……更有宋良曦、黄健等学者带着一颗赤子之心，著书立说，传播着中华盐文化。古井咸泉，汩汩流淌，那也是不息的文化之脉。

我站在自贡吉成井盐业文化遗址的小榕树下，凝视那些古文明的碎片：天车、古井、笕道、盐灶……这一切，不也是在直观阐释着天、地、人的文化之根吗？道法自然，天人合一，才是永恒的法则。

随手翻开两首和盐井有关的诗。一首是杜甫的《盐井》：

卤中草木白，青者官盐烟。
官作既有程，煮盐烟在川。
汲井岁榾榾，出车日连连。
自公斗三百，转致斛六千。
君子慎止足，小人苦喧阗。
我何良叹嗟，物理固自然。

另一首是苏轼的《诸葛盐井》：

五行水本咸，安择江与井。
如何不相入，此意复谁省。
人心固难足，物理偶相逞。
犹嫌取未多，井上无闲绠。

这样的井盐诗，和盐文化一样，可以称得上一枝独秀。轻语低吟，学佛祖拈花一朵，唯愿有更多的人，能如迦叶一样会心微笑。待那时，一招手，无须吆喝，大家便从四面八方，不约而同相聚在千年盐都的古井之侧。

# 水声里的盐运古道

盐运古道，和丝绸之路、茶马古道一样，是中华民族古老的文明之路。千年盐都的水运古道上，建筑、饮食、古井、天车……凡水流处，一切皆着了咸味儿。川南的古典悠长的韵味儿，穿越沱江，融入长江，汇入大海。也许那里，正是它的归宿。

## 一

贡井平桥瀑布的水声，激活了沉睡千年的盐运水道。行走在安宁得嗅不到一点儿市井气息的贡井老街，我在和时间对话。

一路山水秀美，一切天然自在。沿旭水河岸行走两公里左右，便是素有“盐运古道第一滩”之称的艾叶古镇。艾叶，单是这个名字，就携带了远古的祥瑞。在古镇街头吃了一碗豆花，带着一丝清甜，我走上了一座古桥——平康古桥。

古桥的一侧是一个古堰闸口，远眺河岸，一色青瓦的民居隐于青山绿水间，民居旁侧，稻禾渐黄，玉米苍青，正是鲜活的人间气息。古桥的另一侧，河底阳刚的青石滩大片坦荡于天地之下，石滩右侧，有一道宽六米多、长约二百米的大石槽。这道被艾叶人称为“大槽口”的石槽，是清初开凿的，石槽凿成后，艾叶滩便有了“盐运古道第一滩”的美名。

盐船上纤夫的号子声，早已沉寂在历史的深处，放眼望去，远处

◎清 石涛 溪桥野色图

的古码头有三两个捣衣的女人，青山下的河湾，一叶扁舟上的垂钓者，在时空里安宁成永恒。

艾叶镇历史悠久，北周武帝时期，大公井开凿；到了汉代，便有土著倚艾叶石滩居住；北宋庆历年间，随着冲击式顿钻凿井技术的出现，旭水河两岸井灶日多，所需燃料，从艾叶滩坝分流到各井灶，艾叶镇便在这条盐运古道上热闹起来。

艾叶大沱湾的一侧，是这个川南古镇当年很有名气的一条古街——横街。这条古老的街道，是由一块块洇了青苔的青石板铺成的，那些青石板，已经让岁月磨洗上了不规则的印迹，和旁边一色青瓦的川南穿斗民居一起，接受着寥寥的游人绵长的追思。

古街旁的青石板上，有几个女人正低头在竹篼中捡着红红的川椒子；石板路上，一个六七岁的小男孩独自淘气；不远处的竹椅上，斜躺着一个老人。我一袭长裙，款款行走，丝毫没有打扰到他们各自的生活，真是安然自在。

## 二

一路水流潺湲，旭水河流至富顺仙市古镇，就是盐运古道上有名的釜溪河了。

陪同我行走这座“中国历史文化名镇”的，是自贡盐文化学者黄健先生。我一生唯重学者。黄健先生天性纯良，且博学多闻，一路同行，自然丰富又愉悦。

盐都自贡的仙市古镇，历史上属于“因盐设镇”，已有一千四百多年历史，是釜溪河井盐出川的重要盐运古驿道和水码头，素有“中国盐运第一镇”之称。

一座古镇，如果缺失了美丽的传说，就如同一道美味忘记了放盐。古镇之名就来源于这样一个简单而美丽的传说：天人寂寞，玉帝之女不堪其苦，下凡到这个山清水秀的地方，被人间的烟火气留住，

朝回中使傳宣命
父子同班侍宴榮
酒捧倪觴祈景福
樂聞漢殿動驩聲
寶瓶梅蕊千枝綻
玉柵華燈萬盞明
人道催詩須待雨
片雲閣雨果詩成

◎宋 马远 华灯侍宴图

如村姑一般天然自在，她侧卧在釜溪河岸边逍遥酣睡，头上得名——仙市，脚下得名——仙滩。

踏上这座神仙也住过的古镇时，日已近午，八月的街巷，只有香樟木、桂花树和黄桷兰的香气，陪着古镇幽幽。街旁的打铁店、弹棉花店等，只在无声诉说古老。这样的安宁，恰是对了我的口味。黄健说古镇有四街、五栈、五庙、一祠、三码头、一鲤三牌坊、九碑十土地。我安宁时，它们的古韵，都进了我的心。

坐在一个叫“味缘”的敞口店用餐，黄健特意点了几个自贡历史小吃，我只记住了富顺豆花儿和水煮牛肉，拌着他的热情和真诚一同下饭，真是韵致而酣畅。

俗语：吃在四川，味在自贡。千年盐都，千年古镇，那些厚重的气息，总会在寻常生活中不经意散发，这就是文化。

我更钟情于豆花儿，听着名字都开胃。黄健又给我要了一份儿，一碗匆匆，一碗徐徐，一样的洁白如雪，绵而不老，嫩而不溏，清香宜人。最后喝上一口窖水，清清末伏的燥气。咂吧咂吧嘴儿，和在成都吃的豆花儿真的是滋味大迥。

原来那区别在于“蘸水”。

调制富顺豆花蘸水，要用糍粑海椒。先将海椒用热水浸泡至手掐感觉脆为止，再捞起用菜板压去掉水分装到缸钵内，然后按比例将花椒、八角等香料放到石碓窝里舂烂，再把海椒倒下去按比例放食盐一起舂，再用菜油酥过的豆瓣和芝麻倒下去合着舂，直到舂茸像糍粑一样了，留着备用。

豆油在富顺豆花儿蘸水中至关重要。把若干豆油装于大坾缸内，将适量丁香、广香、肉桂、胡椒、花椒、大料、砂仁、紫草、甘松、甘草等用纱布包着放入其中，泡四至五天，再把豆油放到锅里烧开。最后，把豆油舀到小瓦缸里兑上味精、胡椒和其他香料粉。打蘸水时，碟子摆好，先舀豆油，后放糍粑海椒，淋了熟油后，再点上葱末、香菜。

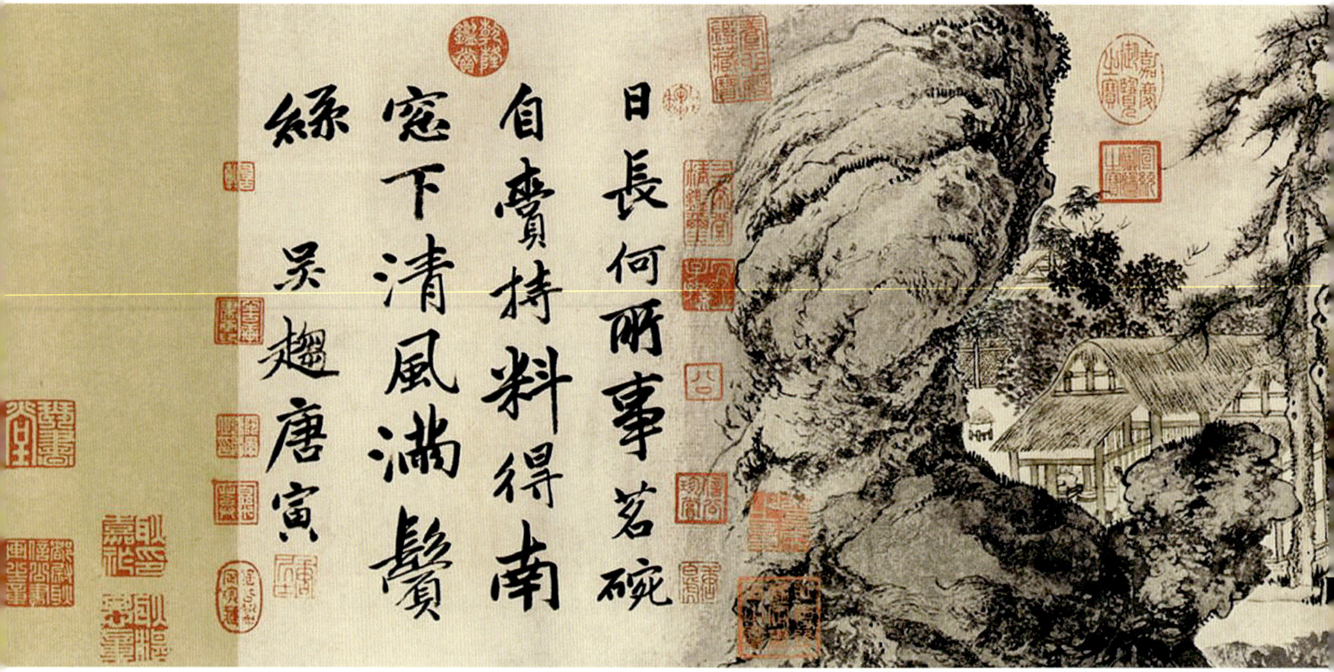

◎明 唐寅 事茗图

学者黄健先生也算得上家居名厨，他娓娓道来，我愈发感觉那豆花儿蘸水竟如昆曲一样一咏三叹、连绵悠长了。

饭毕，和学者行走半边街，听他讲南华宫的古刹钟声、仙女峪的摩崖石刻、观釜溪河畔的古码头，回溯昔日桅杆林立、盐船竞发、号子嘹亮的繁华热闹，然后坐在河街子一个临河的茶案，共品千年野生古树茶。青山下的釜溪河如一位沉静的女子，茶案前，亦是风烟俱净，一片澄明，只有原始森林里的千年古树茶，用古老而丰富的山野香，陪伴了巴山蜀水间这座千年古镇的天地大静。

## 三

釜溪河是自贡市的另一张名片。《论语》中有“仁者乐山，智者乐水”语，“半城青山半城楼”的自贡，有了釜溪河的灵动，那就是兼具了仁者和智者之风了。

釜溪河公园河畔的人行道上，有很多树冠巨大的榕树，如母亲一样护佑着釜溪河。一些枝干，如母亲的手，温柔伸向河水。在河边行

走时，我的心里总是多了很多温情。

釜溪，原名荣溪，清光绪十三年（1887年），“戊戌六君子”之一、时任刑部主事的富顺籍人刘光第，在家为母亲守丧期间，写过一首《泛荣溪欲雨》的律诗：

剪水一江分，天光淡夕曛。
远舟青在树，孤塔白于云。
作势鱼龙气，忘机鸭鹭群。
古风饶里社，到处感榆枌。

一个飘着小雨的夜晚，我从下榻的白云宾馆走出，沿着自由路独步釜溪河畔，行人寥寥，河岸灯火明灭，河畔榕树巨大的树冠遮住了河边的青石板路，有几滴雨点从枝杈的缝隙间打在脸上。走到釜溪河边沙湾口盐商修建的王爷庙内，很古朴的清中叶建筑风格，飞檐临江，玲珑飘逸，回廊绕岸，红漆斑驳。这座供奉了“镇江王爷”的沧桑古庙，昔日的香火早已不在，已经成了幽雅宁静的川南第一茶楼。

绕过小院的假山，我走到一个临河的窗边，泡一杯千年野生古树茶，独品岁月。此时，河神在，山神也在，一切神灵均在。

河对岸的法藏寺正沉寂，龙凤山下的唤鱼池，已觅不到苏轼垂钓的身影；夹子口的财风水，也安然于盐文化不息的传承中。

我见过金陵大学的教授孙明经先生20世纪三四十年代拍摄的釜溪河沙湾口老照片，图中歪脑壳盐船摩肩接踵，从那种千帆竞发的雄健和气魄，可以窥见昔日千年盐都的繁华和热闹。

端起杯子，品一口天馥奇香，满口原始森林的气息。行走盐路，当我一步一步走进了历史深处，那些千年古树茶，在我回归的路上不离不弃陪伴了我。

进入了岁月深处，我不再做加法，而是在做减法，这是不是老子的“为学日益，为道日损”？而且，虽然没有停下脚步，还是一直在行走，却是更喜欢往回走，那份对传统文化深深的依恋，是不是“道者，反之动”？我这样为自己贴老子《道德经》的标签时，当下就惭愧了。说到底，我只是更尊重了自己的心性。

譬如此刻，千里之外，千年盐都，千年古树茶，还有你我千年的一声感叹，都是华夏真气息。

## 四

釜溪河上的古拱桥——善后桥旁边，是自流井老街的一个入口。

一座古老的牌坊，旁边的屏风刻了川籍作家周云的《老街赋》：

一条古盐道，半壁残垣楼；釜溪河之滨，自流井老街。

陋巷里，路边井犹在；丛林间，天车架矗然。回眸当年，山坳上，井灶林立；沟壑中，枧管纵横。三步一井，五步一灶，一泓碧水，樯帆如林。漫漫岁月里，一凿一钻，开掘盐井无数；蜿蜒十里间，一枧一桶，涌流卤水万担。座座天车，皆为摇钱之树；口口盐井，尽是淘金之窟。

……

踩着辞赋的韵律，我踏上了这条三华里的河边古盐道。又是近午时分，古道上包括我在内不会超过五个游人，独步青石板，那份清幽寂寞，是天老地荒的感觉。

曲折逼仄的青石板路，缝隙间尽是踩踏不绝的青草，旁边的石壁上，长满了厚厚的苍苔。右侧的釜溪河，宁静如练，船上垂钓的人，亦是宁静成河边的一棵老榕树。左侧，是一排清末民初的川南老民居。许是天热的原因，沿街民居很少见人，偶有坐在门口的老妪，拿着针线，或者端着簸箕，安详得和老街一个样。那些幽深的小巷，弯曲到榕树下吊脚楼的河边人家。

不必匆匆，只需悠悠行走，古盐道的那些气息，从历史深处自自然然大大方方迎着你。见了，亦无须惊讶，停下来，用心感受一会儿，继续缓缓前行。那感觉，如同在家乡的街头遇见了老邻旧居，不用寒暄，一个微笑，就走过了。

古老的路边井，走过了；古老的笕管道，走过了；古老的街牌子，走过了；古老的地辊子，走过了；古老的盐码头和缆车，走过了……没有走过的是那些挑着盐担的挑夫，石板路上一个人也没有，那些挑夫一言不发，步履匆匆，在我肉眼不及的地方，始终伴着我。

我走下一个古盐码头，走上来时迷路了。索性沿石阶前行，一棵老树下，一个老院子，穿斗的老屋子前，站了一对白发苍苍的老人，我乐了。老人也乐，一位八十五，一位九十二，递给我一把破蒲扇，用含混的川南话和我讲老街码头昔日的盛况，我竟然都能听得懂。

当说到老街马上就要拆迁改造时，老人的眼神黯淡了下来。釜溪河边的这条老街，承载了老人太多的记忆，他们的生活和生命，都在古盐道上流淌，那份深深的不舍，谁能掂量得起？我庆幸，在这个八月里，我能和老街古朴天然的气息相遇。

◎明　卞文瑜　一梧轩屋图

继续踩着青石板前行，路边有一个盐商的宅邸——李家大院。走进门廊，是一个老四合院，古旧的家居陈设、古老的收藏、古朴的门匾和对联，一院子走不出的历史。院中天井养了几盆花，很是繁茂，一只鹦鹉不停问“你好”，我喜滋滋不停应答，老院子一下子活了起来。“啪嗒”，屋顶一块泛了青苔的瓦当落地，竟是完好无损，和护院人讨要过来，又添了淘宝后的喜气。快哉快哉！

古道将近，我却怎么也舍不得走出，不断回望，老街、民居、石板路、大榕树……钻过另一座老牌坊，站在自流井遗址的老天车前，看车流，听笛声，半天回不过神来，恍若隔世。

“自流井，井自流。一泉流白玉，万里走黄金。川省精华地，富庶甲蜀中。”还是周云的《老街赋》把梦中的我唤醒。

# 乡归何处

当历史隐去，建筑还在说话。西秦会馆，这一座陕籍盐商历时十六载兴建的精美建筑，是西秦文化和巴蜀文化在时空上的一次激情碰撞，是会馆文化和井盐文化在青山绿水间的水乳交融。它通俗也典雅，沉稳也灵动，霸气也谦和，古老也年轻。

## 一

学者黄健先生是自贡土著，我问他："在自贡生活了五十年，如果让你找一个安心处，你会选择哪里？"黄健一笑脱口："当然是西秦会馆。"一个外乡人的会馆，让一个土著学者安放自己，它的魅力何在呢?

沿着自由路走到釜溪河边，顺河前行不远，便是已成了"川南第一茶楼"的王爷庙，王爷庙扼腕釜溪河的沙湾口，回转身，虎视眈眈处，正是侧倚龙凤山的西秦会馆。漫不经心的，我从一个故事走进了另一个故事中。

传说王爷庙处的沙湾口，有洞可通东海，"金生于水，水去金失"，为防止财富付之东流，人们修建了王爷庙。一说陕籍商人在自贡发迹后，集资修建西秦会馆，自贡土著商人耿耿于怀，斥资修庙，决意压过陕商。传说毕竟只是传说，历史不需要传说，它有一份无言的大气，任红尘纷扰，只安然于时空。

◎清 院本《十二月令图轴》之十一月

传说却给西秦会馆加了分。许是未见时的铺陈太华彩，当我站在西秦会馆前时，反而朴素得吐不出一句华言了。西秦会馆实在是太特别了，它的格韵和魅力，堪为集大成。

清初的自贡盐业，在明末的废墟上复苏，当初的自贡“邑中土地荒芜，烟火寂灭，实同无人之境”。面对盐井坍圮、灶坊冷寂的现状，清政府一方面大量组织移民入川，一方面诏免四川商民的盐课，又疏浚了釜溪河，当天车林立，灶烟袅袅，自贡又活了。

移民，不是穷困潦倒后便浪迹于异地他乡混生活的人，其间藏龙卧虎，不只是能工巧匠，还有很多勇于冒险的淘金者。以“资本厚，精心计”著称的西秦移民，一入川，便初露峥嵘。陕商的经营路数，也是不动声色的霸气。一是做投资，和当地盐商合作凿井设灶，当时井灶十之七八是陕人；二是开设票号钱庄，占据自贡的金融业；三是搞运输，康熙二十年（1681年），朝廷允许贵州全省和云南部分地区买食川盐，陕商运樯万艘，据说贵州茅台镇的茅台酒，就源于川滇的盐运古路。中国有句俗话：“强龙不压地头蛇。”在自贡的地盘上，西秦商人优游从容，组建帮会组织“西秦大会”，用十六年兴建规模宏大的西秦会馆，如此张扬霸气，有什么底气呢？

西秦商人崇尚“和为贵”，具有黄土地的中和气质，再加上传统的忠义观念和地域意识，自古至今，口碑还是很好的。黄土地的贫瘠，比起富庶的自贡人天高皇帝远的自在日子，也许更能激发陕商挣脱现状谋求发展的潜质。潜质一旦露头，便如朝日喷薄，摁也摁不住。

钢铁就是这样炼成的。

## 二

西秦会馆兴建于乾隆元年（1736年），历时十六年，费金万有奇，极容易让人联想起《阿房宫赋》，尤其是“五步一楼，十步一阁；廊腰缦回，檐牙高啄；各抱地势，钩心斗角”的建筑格局，如出一辙。

不同于阿房宫的皇家气派，西秦会馆的风格更具包容性。它融合了宫殿、庙宇、民居的风格，完成了西秦文化和巴蜀文化在时空上的一次激情碰撞，实现了会馆文化和井盐文化的水乳交融，特色也和谐，通俗也典雅，沉稳也灵动，霸气也谦和，古老也年轻。西秦会馆确实很特别。

我超喜欢西秦会馆武圣宫的歇山式屋顶，像极了千手观音。而参天阁屋顶的那个“将军帽”，其实更像是观音的琉璃桂冠。别人眼里这座极为雄性的古建筑，若是放在无极的宇宙间，亦是“色即是空，空即是色”吧。

建筑也是中华文化的一个符号。和其他古建筑一样，西秦会馆折射的第一个文化元素，就是天人合一。一座精美的建筑，是要放在蓝天下、天地间静品的。

川南的浅丘，青山绿水，纯净得和蓝天白云一样。西秦会馆背靠龙凤青山，随势就形，拾级而上，极富有层次感，沉稳、仁厚中有动感，有灵性。不远处，就是那条蜿蜒秀美的釜溪河，这座建筑确实是个依山傍水的风水宝地，家在青山绿水间，也难怪当地商人会心理不平衡呢。

内在布局，同样随处可见天人合一。筑台式的步步登高寓意，参天阁左右的清池碧水，参天古木，和古老的苍苔，又把山林带进院内，行走其间，真的有返璞归真的林泉之思。

任何一个中华文化元素，都离不开儒、释、道的影子。

西秦会馆，刚健、雄性，就连武圣宫、大丈夫抱厅、参天阁的名字，都带着儒家的阳刚。其建筑整体还是中国式含蓄内敛的全封闭，且布局方正，中轴线明确，左右对称。沿中轴线依次为武圣宫大门、献技诸楼、大丈夫抱厅、参天阁、中殿、龙亭、正殿，自北向南，步步登高，各抱地势，各有风神。两侧的神庖、山墙、内轩、回廊等，

◎清　颜峄　秋林书啸图

和主体合成无数个院落，多变而有序，各自独立又浑然一体。

夕阳下山，暮色四合，我还独自沉浸在这座精美的建筑中，那份感觉，如同邂逅了一场姹紫嫣红的花事，也如同置身于一段冷暖交织的光阴。俄国作家果戈理说：“建筑同时还是世界的年鉴，当歌曲和传说已经缄默的时候，而它还在说话呢。”

此刻，我就听到了西秦会馆在说话。

## 三

西秦会馆的戏楼，是建筑的起点。如今，那个位置安放了一个古老的汲卤车，在历史的光阴里，它“吱吱呀呀”的声音恰如飘到了巴蜀上空的川剧。

第二次到西秦会馆，便有从云南的柔软时光里赶回来的学者黄健陪伴了。西秦会馆，如今已经改为自贡市盐业历史博物馆，怕也只有这座古老的盐商建筑，能托得起千年盐都的咸味儿了。学者带我参观了一圈博物馆，那些古老的智慧，真的很让人折服。建筑也是一杯千年古树茶，需要细品慢啜，方是不辜负了个中滋味。更何况西秦会馆可圈可点处比比皆是呢。

一座无声的建筑，也有自己的灵魂。那些气息，不一定惊天地泣鬼神，却必然于细枝末节飘若游丝之处，吐气若兰。

我是真迷上了那些木雕和石雕，感觉每一抹旧痕里，都有风神和灵魂。

西秦会馆，因是陕西人修建，又因为供奉了关公，也被称为“陕西庙”“关公庙”。一座客籍商帮的会馆，其功能无非有以下几点：迎神庥，联嘉会，襄义举，笃乡情。迎神庥，与神灵对话，祈求神灵护佑，这是中国人的集体无意识。只是，有别于其他盐商供奉的神祇，诸如开山姥姥、梅泽、夙沙……西秦会馆供奉的神是关公，貌似和井盐行业关系不甚大。

◎北宋　苏汉臣　秋庭戏婴图

但他属于“人格神”，西秦会馆的核心灵魂，正是一个“义”字。

我站在大丈夫抱厅，欣赏那幅楹联。上联“萃不灭之忠魂，浩气长留，屡向本朝昭义烈”，下联“肱将衰之火德，英风永著，犹从此地郁炎精”。英雄崇拜，偶像崇拜，崇尚关羽，弘扬关羽，这是陕籍商人客居他乡的道德操守，也是心灵的主旋律。那些木雕和石雕里，还有很多陕籍人，秦穆公、白居易、郭子仪、杨家将、苏武……作为关公的陪衬，从一个人到一群人，恰是“义”的流淌。

忠、孝、节、义，这是西秦会馆的魂。

西秦会馆大丈夫抱厅，有十二幅主题浮雕，雕刻的是《二十四孝图》，一幅一幅看过去，孝感动天：曾子的啮指心疼，子路的为亲负米，黄香的扇枕温衾，郯子的鹿乳奉亲，闵子的单衣顺母……那些感人的故事，无非在年复一年苦口婆心地昭示一个朴素的道理——孝是做人第一位。可当下世风日下，还有几人会驻足二十四孝图前，聆听古人深情的呼唤呢?

古语：“忠臣出于孝子门。”纪信替主，苏武牧羊，自古以来就是“忠”的代言。忠，源于心中的一个信仰。那份信仰，也许是一个人，也许是一种品质，也许是一份向往，也许是一处精神栖居。心中有了信仰，便有了一个不偏不倚的方向，内心适中，尽心公正，就是忠了。在这个信仰缺失的时代，人们哦，该如何去忠?

## 四

曾有人问画家陈子庄先生，在中国艺术史上，哪些是一流的画家，哪些是次要画家。先生说：绘画史犹如一条长链，一个画家被抹掉了，这条长链便缺了一环，那么这就是一流的画家；如果一个画家被抹掉，这条长链依然连贯，那么这就是次要画家。这其实可以作为一个放之四海而皆准的度量。

西秦会馆，在千年盐都自贡的历史链条中，就是不可或缺的一环。这样度量，除了那些艺术价值，我自己还有一个标准，那就是人间情味。

当学者黄健带我一幅一幅看那些保存完好的木雕时，我在其中的一幅下站了很久很久。我的温情注视，是投给一幅传统川剧《秋江》的。

木雕画面上，有一大一小两只船。左方的大船上，有两个划船人；船舱中坐着的小书童，正探出半个身子，望着船尾端庄儒雅戴着角巾一袭素衫的潘必正；潘必正的身边，站了一个艄公。画面右方的那只小船，可没有这么淡定：戴斗笠的艄公，正躬身奋力摇船；一身道袍的陈妙常立于船舱，手指浮沉，正心急如焚地定定望着前方船上的潘必正。

这是《玉簪记》里的一个爱情故事。不是我大惊小怪，在西秦会馆的木雕群里，我看到了这样的人间情味，这真的让我讶然和感动。一个道姑，一个才子，在偶然的古琴声里相识相知，然后诗笺酬和，私订终身。一条秋江，怎么能隔断情人的心？最后才子佳人大团圆的结局，更是慰了人心。

我是越来越喜欢这种天然、真实的人性之美了。在生命的起点上，读了那么多书，捆缚了那么多自己，人到中年，我终于洗尽铅华呈素姿了。回归自然，那份天然自在，何其美好！

当然，在一个尚义的盐商会馆里，有《秋江》这样的元素在，也和古代商人阶层追求的俚俗文化有关。有别于宫殿的庄重和华贵，有别于寺院的肃寂和绝尘，有别于民居的封闭和温暖，商人的会所，更多了兼容并蓄、热热闹闹的人间气象。这样的气息，离红尘很近，很天然，也很真实。

铁骨和柔情，都是人间情味。

和那些谄媚圆滑的两淮盐商相比，自贡的商人、西秦的商人，可能多了几分硬汉子的风骨。

西秦会馆的那些雕塑，隐藏了很强的尊汉排满的思想。大丈夫

◎明　仇英　仕女图

抱厅有四根柱子，除了那幅赞美关羽的对联，还有一幅意味深长的对联：

钦崇历有唐有宋有元有明其心实唯知有汉；
徽号或为侯为王为君为帝当日只不愧为臣。

首字“钦”“徽”，是宋代的两个亡国皇帝，宋亡于金人，金人又是清的前身，隐含了不忘汉民族亡国之痛的意思。尾字“汉”“臣”两字，暗指关羽是汉臣忠义代表。而上联历数朝代变迁，唯独不说大清。在文字狱猖獗的清朝，一句“清风不识字”都可惹来杀身之祸，在川南的这样一个客商会馆，却可以如此张扬地让反清扶汉的楹联悬于大雅之堂，任谁也不能不为陕西人的风骨震撼。

中国的历史，往往是因为那些或隐或显的风骨，才更加厚重有味。我突然想到，这恰好是盐的味道。

# 家在绿水青山间

川南自贡，天高皇帝远，家在绿水青山间的土著盐商，也就多了几分硬气，像四川随处可见的贼辣贼辣的红辣椒。这在各地盐商中，算得上一道独特而亮丽的风景线。从盐枭到大亨，从霸气到儒雅，从小我到大我，千年盐都的记忆里，有盐商的心路历程。

## 一

产盐的地方，也盛产盐商。

刘禹锡《贾客词》里有一句话：“五方之贾，以财相雄，而盐贾尤炽。”《新唐书.食货志》中也有言：“天下之赋，盐利其半。宫闱服御、军饷、百官俸禄，皆仰给焉。”盐课的交纳者当然是盐商，历代盐商巨贾，也多得和白花花的盐粒子一样。

自贡盐商，还是有他独特的地方。宋代的卓筒井，本就是川民私井，私井的盐自然也姓私。在中国的独特盐制下，自贡盐商敢如此之冒天下大不韪，还是有自己的理由的。两淮盐业，一直是朝廷宠爱的娃儿，而品质绝好水运也算便利的自贡井盐，就愣生生地不招朝廷待见。为了活着，盐商们创造了可谓世界奇迹的卓筒私井，暗地里理直气壮地把私盐运到了朝廷禁销的楚岸，且屡禁不绝，最后连治理鸦片的林则徐都惊呼：“向来匪类，大半出于盐枭。”

川南自贡，天高皇帝远，家在绿水青山间的土著盐商，也就多了

◎清　院本《十二月令图轴》之七月

几分硬气，像四川随处可见的贼辣贼辣的红辣椒。这在各地盐商中，算得上一道独特而亮丽的风景线。

“天之道，损有余而补不足。”青山绿水的自贡，自有苍天的眷顾。历史上有名的两次“川盐济楚”，是上天给予自贡商人的大好机缘。当机会来临的时候，自贡已经准备好了。

咸丰三年（1853年），太平天国占据了南京，把持了淮盐至湖北的水运盐道。“淮盐赋甲天下，而取于湖北者常半。”这不仅使清政府在湖北的大宗盐税化为滚滚长江东逝水，且让百姓不堪淡食之苦。在特定的历史时期，清政府允许川盐以自由经营的形式，登上楚岸。自贡盐商的黄金时代来临了。

那是个热闹的自贡，那是个昂扬的自贡，那是个富庶的自贡。“富甲全川”的王、李、胡、颜“四大家族”，也应运而生了。四大家族，要么是世代高官，要么是世代地主，上天赐予的绝佳机遇，再加上本有的雄厚的经济实力，或者自己以土地投资井灶，或者和陕商等合作，一时间，财源滚滚而来。作为首富的王三畏堂，在极盛时，拥有盐井数十眼，汲卤牛一千二三百头，盐灶天然气锅七百余口，常年雇佣的工人达一千二百余人。

四大家族生活奢靡的程度，亦是空前，堪比朝廷、官府，且捐官之风日盛。权势和财富，就是官商的名和利，孜孜以求，本也无可厚非。但若是富足得无处安放一颗心，甚至是丧尽天良，那么红艳至极后，必然是天地寂寞。俗语“富不过三代”，这样的轮回，到底是人事，还是天命？

自贡盐业史上第二次“川盐济楚”，发生在抗日战争时期，由此兴起的“新四大家族”。这些被称为“丘二帮”的盐商，大都出身于贫寒的井灶学徒，发迹后也低调内敛，生活朴素。老四大家族无遮无拦地炫富，新四大家族缩头缩脑地藏富，同在青山绿水间，这样迥异的风格，实在是耐人寻味。

盐是百味之祖，和盐沾了边儿，什么都多了滋味。

# 二

川南的雨，也秀气得和浅丘的青山绿水一样。在这样的日子里，学者黄健陪同我前往王家大院，去参观一个大盐商的家祠和府邸。

我们要去的王家大院，不是四大家族首富王朗云的宅邸，而是出身于清末盐商世家的王和甫为纪念父亲王子诚而修建的家祠和府邸，也称“子诚公祠”。有钱而抠门儿，为富而不仁，这是历代很多商人的通病。王和甫的祖父王和荣，和王朗云同宗同时代，却是一位“积而能散，富而能仁”的大盐亨。

出城五华里，驶上一座浅丘，沿途茂林修竹，我和黄健来到沿滩区的岱山二组，旧称“糍粑坳湾头”的地方，就是我向往已久的一身古朴的王家大院了。

秉持着“天人合一”的理念，王家大院的选址极为考究。三面环山，青山苍葱，竹影婆娑；一面迎水，梯田水塘，波光粼粼。宅院大门左侧有一口古井，至今清泉汩汩，可以取水而饮。“背山面水，负阴抱阳，气势环抱，卉物丰茂”，恰是古老宅邸、风水宝地。

家在青山绿水间，与天地一体，带着一身的古朴气息，一座川南的百年老院从历史深处，踽踽向我走来。

沿着一条长长的石道，迈上青石板台阶，是一个八字形檀门。檀门上方悬挂了一个“结庐人境”的匾额，取意陶渊明的“结庐在人境，而无车马喧；问君何能尔，心远地自偏”，足见主人格调。檀门左右，分别为“有分山林皆如画”“无边风月自成家”的楹联。走进门厅，是一个天井，青石板的地面，长了厚厚的一层苍苔，角落石刻的莲坛里，有半卷着和舒展着的荷叶，坛沿亦是厚厚的苍苔。天井左右各有两棵树，右侧是一棵百岁高龄的龙眼树，左侧是一棵桢楠木，一样的古老苍葱。往里走，曲径通幽处，愈是古朴。



这是一座典型的巴蜀民居，穿斗结构加白色灰墙，一色的青瓦，风格古朴，格调超绝。院落方方正正，房屋分大天井、小天井，大客厅、小客厅，左厢房、右厢房，单元独立，整体和谐，是真正的大家气派。大院东侧，有三十余株桂花树，八月花开，三五里内，俱是馨香。大院西侧，是一个荷花园，植有厚朴树、紫檀树、罗汉果树，皆为名贵。

家居环境，折射的是主人的修养和人格。主人王和甫，虽为盐商，却是出身诗礼之家，家风厚朴，很有儒者之风。他不抽烟，不喝酒，生活简朴，平和友善，一生未讨姨太太，也无风流艳史；书法、文章皆有造诣，一生所好，唯有金石字画和陶瓷家具。他谦和、宽厚、仁慈，是古道热肠、大智若愚的商会会长。

有其父必有其子。抗战时期，为躲避日军轰炸，自流井城区王家各房后人纷纷搬回王家大院避难，王和甫当家的次子王少苏把这些族人纷纷安置在正房和厢房，自己则带家眷，住到了荷花池的厅堂轩阁中。因为家风仁厚，王家后人也大多精英。正是德厚则根深，家族子孙，承蒙德泽，也必然会挺拔正直，枝繁叶茂。

可惜，如此浅显的道理，怎么那么多人听不懂呢?

## 三

细雨蒙蒙中，我和黄健穿行在青山绿水间，在自贡盐商家串门儿。刚走出了清代的王

◎明　沈周　竹溪清逸图

家大院，又迈进了新中国成立前夕的涵园。

如果说王家大院是“结庐在人境，而无车马喧”，那么深藏于喧闹市区和一片民居中的涵园，就是“大隐隐于市”。

涵园，是盐业世家侯策名的旧居，始建于1946年，历时三年完工。有别于王家大院古朴的巴蜀民居风格，这是一座精美考究的豪华型西式公馆，开始称“天府”；可能是觉得名字过于张扬，易名“涵园”，涵养心性，自外而内，开始往回走，一直走到自己的心，这可不是一般的修为。

涵园的园林风格，还是古典式的。清池，绿草，几十年、上百年历史的桂花、楠木、香樟、蜡梅、茶花、铁树，尽显古韵。主人侯策名是新四大家族之一，也是有名的“红色盐商”，涵园见证了他的传奇人生：捐助冯玉祥，营救共产党，兴建曙光中学，买飞机大炮支援抗美援朝，购买国债，自己的所有企业都参加公私合营。侯策名，走出了一个盐商的小我，在一个更高的层面上，展示了自贡盐商的精神高度。新中国成立后，他做了自贡市副市长、全国人大代表、全国政协委员。家在青山绿水间的自贡盐商，开始走进了蓝天下一个更为开阔的新天地。

就要离开自贡了，黄健带我又来到了贡井区的那条老街，安宁依旧，古风犹存，走进一家远近闻名的羊汤老店，我和千年盐都自贡在“盐帮菜”中告别。

即使是这样的小店，一切也都是那么的正宗、讲究。川南的铜火锅、鲜美的羊汤、锅蒸羊肉粉团、羊肚羊眼、大馅的羊肉水饺，还有独一无二的川南鲜椒调料，这个富甲于川的盐都，不经意间，就在我这个外乡人面前，善意地炫耀了一下昔日的繁华和富足。我，口服心也服。

自贡盐帮菜，可以称得上是盐文化中的一朵奇葩。川剧、灯会、盐帮菜，都是井盐文化。和盐一样，它们已经无声无息地融入了日常生活中，只是人们日用而不知，其实盐都的每一缕呼吸，都是文化的

◎齐白石　还家图

气息。

在川菜中独树一帜的盐帮菜，全在一个“味”字，味厚，味重，味丰，名品不下百种：火边子牛肉、水煮牛肉、香酥鸭、天地大满意、船工号子鱼、古井腊肉、金花羊肉汤、谢家黄凉粉……数到了最后，也没见令我想想就垂涎欲滴的富荣豆花。

那是多么精美的小吃啊，享受的过程，我有艺术创作的快感。可是，她竟然算不上盐帮名品。这座千年盐都哦，富庶得让人咋舌，讲究得让人惊叹。

千年盐都，千年一叹，莫非名城自贡，非要让我在离开时再次惊叹？其实不必缱绻，在以后的日子里，我会在海盐腥咸的气息里，时时觅得井盐文化的清甜。

# 第二章　池盐

## 千古中条一池雪

河东盐池很古老，古老得可与中华古老的历史并提。在晋祠的古树丛，我觅到了山西省的源头；在洪洞的老槐树下，我觅到了中华姓氏的根系。而运城一个古老的盐池，让尧、舜、禹都在其周围建都，且催生了中华文化，那是何等魅力！作为中华民族的发祥地、华夏文明的摇篮，古河东保留了几千年的中国文化传统，堪称中华民族总根系的主根。中华文化，才是最大的一棵树。

◎明 项圣谟 古树图

# 好大一棵树

河东盐池很古老，古老得可与中华古老的历史并提。在晋祠的古树丛，我觅到了山西省的源头；在洪洞的老槐树下，我觅到了中华姓氏的根系。而运城一个古老的盐池，让尧、舜、禹都在其周围建都，且催生了中华文化，那是何等魅力！作为中华民族的发祥地、华夏文明的摇篮，古河东保留了几千年的中国文化传统，堪称中华民族总根系的主根。中华文化，才是最大的一棵树。

## 一

秋越来越深了，心里一直惦记着山西运城的古老盐池，那远古的咸味儿，对我有极大的吸引力。

去山西运城，在太原转站，不经意间绕了一个极漂亮的弯儿。

凌晨五点到了太原，这么好的时机，当然不能错过晋祠，我想念晋祠的那些老树了。二十年前去过晋祠，记忆深处最鲜活的是沿途温润的稻花香和满池清丽的藕花，再就是那些有了岁月的老树。

我的家乡在大海边，满目皆是百年海浸后的盐碱滩，盛产黄菜、青草棵子和红柳、芦荻，满野粗犷、辽远，倒也很有些野性的味道，但就是树少，大树、老树尤其罕见。所以每每见了或遮天蔽日或豪气干云，尤其是在岁月深处沉淀下来的古树，我都会发自内心的喜欢和礼敬。

◎明　项圣谟　大树风号图

国庆刚过，晋祠里游人寥寥，秋日的天高云淡，是山水写意留白一样的日子，真是好。我把清风、阳光和金黄的落叶装进心里，一忽儿便有了一心的喜悦。菊花合了时令，淡淡地热烈着，或紫，或黄，或白，或蓝，或长龙飞舞，或孔雀开屏，色彩明丽，动静相宜，是晋祠最好的装点。

穿过晋祠公园，迈进悬瓮山下晋祠斑驳的大门，晋水汤汤，古木参天，那些散落的各个朝代的吉光羽片，带了一身的沧桑和古旧的气息。一时间，心越发沉静，沉静成一粒尘埃，沉静成一片树叶。

门口的右侧，就是那棵一千三百年的唐槐，老树都是有灵的，走过了千年，这棵树早就成了神。我走上前，合十膜拜，抚摸着她皴裂的老树皮，那岁月的褶皱让人发酸也温暖。我不再像儿时那样去搂抱她，只如长大成人后，见了头发斑白的娘，什么也不说，一脸温热地靠近，那便是全部了。那千余年的唐槐，也如娘一样，什么都不说，只慈爱地看着你。风吹过巨大的树冠，似是在说：娘年轻着呢，硬朗着呢。于是，你的心会越发温热。

晋祠建于北朝，原名“唐叔虞祠”，是为了纪念周武王的次子叔虞而建造的。据说周成王有一次同他的小弟弟叔虞一起玩耍，他摘下一片桐叶，削成玉珪（玉珪代表诸侯的权力）的样子，对叔虞说：“把这个封给你。”边上的大臣就请求成王选择吉日，正式给叔虞封地。成王说：“我是和他说着玩的。”大臣说：“天子无戏言。”于是，叔虞就被封在唐地，因为有一条晋水，唐国就改名为晋国，这就是春秋时代著名的晋国。山西称晋，是因为它就在古代晋国这一片土地上。

郦道元来过这里。《水经注》中说：

《山海经》曰：“悬瓮之山，晋水出焉。”今在县之西南。昔智伯遏晋水以灌晋阳。其川上溯，后人踵其遗迹，蓄以为沼，沼西际山枕水，有唐叔虞祠。水侧有凉堂，结飞梁于水上，左右杂树交荫，稀见曦景。至有淫朋密友，羁游宦子，莫不寻梁集契，用相娱慰，于晋川之中最为胜处。

此中“飞梁”，就是晋祠内成为孤例的十字桥梁。桥梁前方的圣母殿，供奉着叔虞的母亲邑姜。大殿的左侧，就是晋祠三绝之一——周柏。

两棵互参的周柏，走过三千年的岁月。一棵树干如戟，伟岸阳刚，像阅尽千年沧桑依旧八方威武的老将军；一棵树身斜卧，树皮斑驳，筋骨尽露，状若卧佛，树枝盘虬而舒展，与另一棵周柏相辉映，似是接引皈依：一立一卧，颇有禅意。

林徽因也来过这里。她说：“晋祠的布置又像庙观的院落，又像华丽的宫苑；全部兼有开敞堂皇的局面和曲折深邃的雅趣。大殿楼阁在古树婆娑池流映带之间，实像个放大的私家园亭。”实然，古老的晋祠古木参天，却并不森严，真的有私家的自在和舒坦。十字飞梁一侧，还有一株百年白杨独秀，一百年了，依然是一个健硕的青年，树叶在秋风里“哗哗”，似青春在飞扬。

走过莲花台，走过难老泉，走过浮屠塔，晒着正午的阳光，秋风吹过，塔角铜铃叮当，一枚枚落叶如诗人激情澎湃时高高托举的手掌，极为抒情地告别老树，又极为安宁地回归大地。

我，亦是这样激情着，也平静着。

## 二

又是一个惊喜。从太原到运城，一路向南，其间经过洪洞大槐树。

你是谁？你从哪里来？要到哪里去？这是三大哲学命题。懵懂之时，就总有村子里的老人教我传唱的歌谣：“要问家乡在何处？山西洪洞大槐树。祖先故居叫什么？大槐树下老鹳窝。”从很小的时候起，那棵大槐树，就很模糊也很清晰地印在记忆里。这首歌谣，在华北、华东等地的大半个中国，也是一直传唱不已。

以后学了历史，知道了明代洪武年间的大移民，才明白了那棵大槐树对于我们每一个人的意义。从此，莫名喜欢槐树，暮春时分，乳白色的槐花如同一朵朵轻云，一早一晚，那香甜的气息在空气中不紧不慢地散开，越是清静，越是馥郁，是一种很迷人的素朴，越发觉得大槐树有神灵。

如今，那棵大槐树就在我身边了，我怎会错过心底多年的期盼？当我一步一步为我的生命做减法的时候，我皈依了我的心，也就越来越清楚我是谁了；来到大槐树的身边，我又要弄明白我从哪里来了。

汾河畔的洪洞，是个很干净的小县城，人也朴实热情。一路问着，没有多远，便拐向了通往大槐树的路。路口影壁墙上，“要问家乡在何处？山西洪洞大槐树”遒劲的红色大字，撩拨得人心热了又热。当远远望见立交桥上“欢迎亲人回老家”的巨幅横批时，热的不只是心，还有眼睛。不远处一个巨大的根雕门出现了，我知道，我与那棵大槐树，已是近在咫尺。

走至根雕门口，朱红的影壁墙上一个醒目的“根”字，凡到此处，心之所归，也便在这一个“根”上了。叶落归根，认祖归宗，是中华民族的集体无意识。看那些游客，不，是家人，五百年前就是一家人，个个一脸的喜悦，一心的踏实，那正是回家的感觉。

沿着移民古道徐徐而行，我的脚印叠合了祖先的脚印，行走也凝重了起来。走到大槐树遗址，我停了下来。史料记载，洪洞县北广济寺院内，有株“树身数围，荫蔽数亩”的汉槐树。官道从大槐树下通过。汾河滩上的老鹳，在树杈间构筑鸟巢，密密匝匝，甚为壮观。清代，因汾河洪水泛滥，广济寺被水冲毁，大槐树也被水冲走。这棵古汉槐，就是移民后裔常常说起的大槐树。大槐树不在了，但魂在。第二代、第三代大槐树，承继了大槐树的魂，历代不衰。那是我们的根。

◎明 李在 归去来兮图——临清流而赋诗

祭拜完二、三代槐树，在新修建的广济寺门外的广场上，一棵做了道具的大槐树下，正在上演明代的移民现场剧。广济寺院内的观音菩萨塑像，低眉垂目，悲悯地俯视着大千世界，似是在为娑婆的苦难洒下救世的甘露。

来到祭祖堂，在六百多个姓氏里，我找到祖姓，点燃四根檀香，上香，跪拜。心，瞬间穿行五百年，我接上了祖先的灵。《论语》里曾子说："慎终追远，民德归厚矣。"在这样的时空背景下解读，尤是感慨万千。

随着寻根问祖的人流，我来到了中华姓氏苑。中华姓氏来源、发展、演变，中华五十六个民族从古至今用过的一万一千九百六十九个姓氏，姓氏郡望、堂号、堂联、家训等，这些姓氏文化分版块布置。我从诸多姓氏介绍里找到祖姓，竟然追溯到周文王，想到自己的姓氏和创周礼、演周易的文王有关联，更觉得一定要用文王的仁厚和智慧观照自己了。也为身边熟悉的朋友一一拍下祖姓郡望、堂号、家训等，带了一心的满足离开。

在路上？回家？一直以来，身和心徘徊期间，不能自拔。外面的世界太精彩，吸引我离开；外面的世界很无奈，催促我回家。自古至今，似乎很多中国人，都有过这样的游离。心游离时，眼也迷离。我从哪里来？要到哪里去？这个命题折磨了一代又一代的人。

禅语曰：“自来处来，往去处去。”以前总是感觉玄虚，品悟后才知绝妙，很有些“道可道，非常道”的意味。若非要添足，当以树语。把根往深处扎，阴柔；让干往高处长，阳刚。树冠拥阳光、清风、雷电、暴雨入怀，在年复一年的轮回中往开阔处生长，阴阳合一，归于无极。

树语，人语，天人合一。

## 三

三毛说：“如果有来生，要做一棵树，站成永恒。没有悲欢的姿态，一半在土里安详，一半在风里飞扬；一半洒落阴凉，一半沐浴阳光。非常沉默，非常骄傲。从不依靠，从不寻找。”

如果有来生，我还是喜欢做一个喜欢树的人。晋祠的唐槐周柏，洪洞的大槐树，来生做了树的三毛，不管站成了什么样子，都需要有我这样的人欣赏。

一路旖旎，我终于到了运城。我是为那个古老的盐池而来的，沿途的美丽，只是让我走近它的心情，多了几许厚重。

到运城的第二天，恰逢九九重阳，朋友告知舜帝陵有大型祭奠活动，约我一同前往。那个在古盐池畔抚琴吟唱《南风歌》的舜帝，一直以德、孝安天下，运城的“德孝文化”也搞得像模像样，舜帝陵的博物馆也很精彩。博物馆是地域文化的精品缩影，我哪里会错过这样的好机会？这一步迈进去，我却迟迟走不出来了，运城的厚重，还是远远超过了我的期望，我羞赧，我也欣喜。

第一个展厅——盐湖之光。一个城市，因为一个盐池得了福祉，而且一得就是四五千年，这真是上天的垂爱。一个盐池，让尧、舜、禹都围绕它周围建都，如此魅力，怎不让人惊叹？一个帝王，为了盐池刮起的一阵南风，抚琴吟唱，留下传世极品《南风歌》，哪里又有

◎明 文徵明 二湘图

这样的殊荣？因为一个盐池，运城风光了几千年，物华天宝，不是虚言哦。

地杰人灵，人灵地杰，许是天人合一的缘故吧，在古河东的这块宝地上，舜君临天下了。

舜，是黄帝的第九世孙，自小家境寒微，孝行感天下。古代《二十四孝图》中，第一孝便是舜。传说他很小丧母，后母残暴，父亲偏爱弟弟象，舜却一直以德报怨，从不计较家人的一切，只是恪守着做人的本分。人在做，天在看。舜帝不只赢得了里仁乡人的盛誉，也得到了圣王尧的厚爱，尧帝把自己的两个女儿——娥皇和女英，一并嫁与舜为妻。我在北京故宫博物院，看过文徵明的《二湘图》，图中的湘君湘夫人（娥皇和女英）长裙折扇，身姿优美，飘逸清丽，煞是迷人。

孝是做人的根本，做人是一个人最祥瑞的名片。正所谓“吉人天相”，舜帝在历山耕种，象耕鸟耘，我一直不觉得那是个传说。那样一个朴拙的时代，人也干净，天地也干净，无人兽之别，真正的平等一味，世间万物，祥和瑞气，大象和飞鸟，亲近人，帮助人，又有什么玄虚呢？那样的情境，我神往之，再神往之。

舜帝是道德文化的鼻祖，舜文化就是道德文化。《史记》所载：“天下明德，皆自虞帝始。”一个地域，一个民族，有了这样一个人文源头，会让一个华夏热乎。

舜，也是一棵树，一棵岁月深处极有味道的一棵树。这棵树，就生长在史称河东的黄河三角洲。

黄河之水天上来，它出昆仑，傍大漠，入河口，一泻千里，可谓雄性彪悍。当流泻到秦、晋、豫三省交会的潼关和风陵渡间向东，这最后一个转弯，它收敛了野性，母性大发，深情挽住了一个黄河三角洲，也就是古河东地区，其中运城盐池，也一并被黄河母亲揽在怀里了。自此，黄河平静了，慈爱了，是真正的母亲河了。

河东盐池很古老，古老的大可与中华古老的历史并提。顾炎武在

《日知录》中说："古之天子（尧、舜、禹）常居冀州，后人因此为中国之号。"冀州就是古河东地区，是九州的中心。著名考古学家苏秉琦先生也说："晋南是当时的'帝王所都'。'帝王所都'曰'中'，故曰'中国'，而'中国'一词的出现正在此时。'帝王所都'意味着古河东地区曾经是华夏民族先祖创建和发展华夏文明的活动中心。"中国、中华、华夏，皆源于运城，对文明的催乳，恰是河东盐池。

关于这一点，日本学者宫崎市定也有阐述："中国最古的文明，实兴于河东盐池附近。我想夏、商、周三代的国都，大体都位于消费河东盐池附近，盐池就是三代文明的经济基础。"可以说，盐池催生了盐文化，盐文化催生了黄河文化，黄河文化催生了中华文化。

中华民族的发祥地，华夏文明的摇篮，晋南的古河东，保留了几千年的文化传统，堪称中华民族总根系的主根。

根深则叶茂，好大一棵树哦！

# 把根留住

运城盐池的池神庙，是中国历史上的孤品。对池神的神灵崇拜，对太阳和风的自然膜拜，还有人类自身的力量，神、自然、人，三者合一，创造了文明的奇迹。黄帝和蚩尤为争夺盐池爆发了“涿鹿之战”，唐代发明了“垦畦浇晒法”，中条山的古盐道——虞坂古道上发生了伯乐和千里马的故事，从盐务专学——运学走出了太多的进士……盐文化、黄河文化、中华文化，文化的根，就是民族的根。

## 一

我又一次翻开了柳宗元的《晋问》，这是一篇唐代山西最好的解说词，其优美、酣畅和激越、清壮，如甘霖，如玉露，如一杯千年古树茶。

写《晋问》的时候，柳宗元已被贬为永州司马，文中却全无“永州八记”的郁郁不平之气。虽然身为孤囚，处八千里逆旅，一谈起故土乡梓，那份热爱融化了心中块垒，流露在字里行间的，只有温度和色彩。

起篇是吴子和柳宗元的对话，“吴子问于柳先生曰：‘先生晋人也，晋之故宜知之。’曰：‘然。’‘然则吾愿闻之，可乎？’曰：‘可。’”每每读到此，我都会哑然失笑。月是故乡明，这是千古乡仁的共同心理，柳宗元自然不例外。说起晋，底气从丹田生发，那份

◎宋 马麟 静听松风图

从容和自信，大有舍我其谁的气场。接着，柳宗元如数家珍地说起晋山川之险固、兵甲之坚利，名马、木材、河鱼，还有盐池。

“猗氏之盐，晋宝之大者也。人之赖之与五谷同。化若神造，非人力之功也。”柳宗元是运城人，世称“柳河东”“河东先生”，对于盐池，他耳熟能详，娓娓道来，让人神往。这是我了解运城盐池时读的第一篇文章。

有了这个好向导，参拜池神庙时，心里也多了几分恭敬。

第一次到池神庙，博学的老馆长李竹林先生百忙中带我提纲挈领地参观了此处。乾门那个大笔如椽的门当，池神庙金龟戏水的风水建筑格局，三十九位皇帝祭拜池神的辉煌历史，池神、太阳神、风神三神并列的大殿孤例，元代的戏台奏衍楼，记录了五千年文明史的池神庙碑林，海光楼，歌薰楼，舜帝弹琴遗址。最后，竹林先生带我看了浩渺的盐池后，因公务缠身，便匆匆离开了。

第二次到池神庙，同行参观的是运城学院李永康教授和两位盐文化学者，李教授用好听的男中音向我介绍了池神庙的来历。

唐代大历十二年，也就是公元777年，中条山一带阴雨霏霏，连月不开。盐官不停地向天祈祷，精诚所至，天终于放晴。随之，被淹的盐畦中出现了“红盐自生”的奇观。卤水和雨水融合，盐在结晶过程中带有颜色，以红色居多，这在现代是个常识，可在当时，蒙昧的人们都以为是上天垂象。盐官把这一异象上疏唐代宗，代宗派人前往察看，得知红盐现象属实。唐代宗认为盐池生红盐，上古未有，自然是“祥瑞之兆”，龙颜大悦，特下诏书，赐运城盐湖为“宝应灵庆”池，钦定在盐湖建庙，赐封池神为“灵庆公”。中国历史上唯一的一座池神庙临世了。

对池神的神灵崇拜，对太阳和风的自然膜拜，还有人类自身的力量，神、自然、人，三者合一，才会出现奇迹。

第三次到池神庙，是临行前的告别。文雅、灵秀的年轻馆长尹冰送客人去了，我正好可以独品池神庙。这里很安静，安静的时候可以感受到神灵在，脚步也凝重了。走到池神庙近前，斑驳的门楣和廊柱上有两副对联，一副是“高山仰止景行行止；卿云灿兮纠缦缦兮”，一副是“问之不答求之应，应之寰宇；听则世声敬则灵，灵则心诚”。用心品来，似有意会。

海光楼前也有一副对联：常平乃关壮缪故里，辖其民也，理应忠心报国；解池本包孝肃旧制，治此盬者，首当铁面无私。一个关公，一个包公，都是与运城有关的历史名人。以二人为镜，是解州人对一代代盐官的心灵期许。

尹冰回来了。她的办公室原为池神庙建于道光年间的“玉树青霞”小道院，简单也干净。两个女人聊着盐池边神话里的另一个女人——那个用自己的美丽换来一汪甘甜的碧泉的哑姑。世间美好，哪怕是一个传说，也大都和女人相关，真是美妙。

## 二

男人的故事大都雄性，甚至带了血腥。比如历史上黄帝和蚩尤因为争夺河东盐池而发生的那场有名的战争——涿鹿之战。

这是人类史上原始部落之间的第一场战争。出生于河东一带的司马迁在《史记·五帝本纪》中，把黄帝列为五帝之首，赞美他“生而神灵，弱而能言，幼而循齐，长而敦敏，成而聪明”，《黄帝内经》中也是这样赞誉他的。传说涿鹿之战，黄帝得风后指南车的神助和泰山玄女的点拨，大获全胜。以后黄帝和炎帝等部落联合，享有“华夏始祖”的尊位，“炎黄子孙”也自河东流传开来。

河东盐池本是天然形成的，两个氏族部落为争夺黄河流域的自然资源盐池而发生的战争，也没有什么正义非正义而言。也许是自古“胜者王侯败者贼”的价值取向，涿鹿之战中的蚩尤却一直被丑化。传说他长得很怪（其实黄帝长得也很怪，传说是四面脸），有八十一个兄弟，力大无比，骁勇善战，涿鹿之战中曾九战九胜黄帝。蚩尤失

◎ 黄帝

◎明　丁云鹏　洛神图

败后，尸首被分解，盐池属地因之称为“解州”；其血液化为卤水，成了“解池”，也就是河东盐池。为了佐证这一点，有人还搬出了李时珍的《本草纲目》：“夫水周流于天地之间，润下之性无所不在，其味作咸凝结为盐亦无所不在。在人则血脉应之。盐之气味咸腥，人之血亦咸腥。”其实大可不必。

作为九黎族部落首领的蚩尤，是中华历史上的战神，被供奉在中国军事博物馆。据说“黎民百姓”的称谓就源于蚩尤部落。黄帝、炎帝和蚩尤，同为华夏先祖。跳出胜败，莫分高下，把心放平了，再去看待一切，才是公平和平等。

参拜后土祠和嫘祖庙，心花朵朵开。神像端庄、秀丽、丰腴，气韵静娴，联想起女娲抟土造人炼五色石补天，以及黄帝的妃子嫘祖养蚕缫丝织布，都是人情的温暖和尘世的安好。

运城盐池是上天的赐予，在唐以前，一直都是天日曝晒，自然结晶，集工捞采。到了盛唐，尤其是贞观之治，政治清明，政策开明，制盐史上的划时代变革——“垦畦浇晒法”诞生了。柳宗元的《晋问》中记述：“但至其所，则见沟塍畦畹之交错轮囷，若稼若圃。敞兮匀匀，涣兮鳞鳞，逦弥纷属，不知其垠。”这就是对垦畦浇晒制盐精确而生动的描述。

“垦畦浇晒法”制盐，产量大，质量好，这是一千三百多年前，河东盐池对中国乃至世界盐业的巨大贡献。海盐区的垦畦晒盐是清代才开始的，而西欧采用此法，只有三百年左右的历史。

在家乡的海盐博物馆里，陈列了一幅明代的碑拓《河东盐池之图》，其间盐丁熙熙，劳碌不已。浏览时老感觉是另一幅《清明上河图》，细细品读，盐工赤膊，弓背，大汗淋漓，可以想见苦不堪言之状，才知此图和《清明上河图》的繁华热闹大相径庭。

不过，有“河东的万里长城”之谓的盐池古禁墙，倒是蛮有些意思。如今只有些残垣断壁，李竹林先生说已欲复原了。复原了，便可以唤起记忆，延续记忆了。

# 三

中条山上那条运盐的虞坂古道，我只在博物馆的图片上见过。古道上古木苍苍，地势险要，拉盐的车辙印深深，马蹄的印迹也依稀可见。那日从三门峡回运城，因细雨迷雾，高速封路，绕中条山盘旋山路归。景色确实迷人，可那山路的险要，会时时让人屏气敛神。可以想见原始的虞坂古道上，那些拉盐的车马，一路上又是历经了多少的惊心动魄。

古虞坂，是尧、舜时代开凿的一条盐运古道，也就是说，古道的历史可以追溯到五千年前左右。《太平寰宇记》载："太平山有路，名曰虞坂，周武王封吴泰伯之弟伯雍之后虞仲于夏墟，因虞为称，谓之虞坂。"尧舜的足迹、大禹的斧痕、不绝的马铃声声……在这条通往黄河的盐运古道上，每一块奇石，都是一个传说；每一把泥土，都有文明的气息。

那个耳熟能详的伯乐遇千里马的故事，就发生在这条古道上。

周襄王三年（前649年），相马名臣孙阳外出寻马，在虞坂古道运盐的马队中，发现了一匹马。《战国策》记载："其骐骥驾盐上于虞坂，迁延负辕而不能进。此盖其困处也。"作为一名相马的名臣，孙阳如果在蓝天白云下的辽阔草原上，发现一匹健硕英武的好马，这个故事就没有意思了。恰是在这条古道上，千里马瘦骨嶙峋，迁延负辕，垂头丧气，全无半点英气。当伯乐锐利的眼神落到马的身上，那份无法言传的灵犀，让彼此都嗅到了对方不同寻常的气息，感人的一幕出现了，千里马"见伯乐而长鸣，伯乐下车泣之"，一鸣一泣，留下了一段千古佳话。自此，上天掌管马匹的神仙伯乐之名，就放在了孙阳的身上。

千里马的故事关乎人才，我更愿意把它看作另一个知音绝唱。人生而自由，注定孤独，但每个人的内心深处，又都会有这么一个知音

◎元 赵孟頫 调良图

意识，那是心的无声呼唤。你是行路人，我也是行路人，当一叶扁舟得遇了另一叶扁舟，那偶尔的契合，便是茫茫人海中最好的慰藉，也是重新起航后最美的回忆。此种情怀，白居易在流转的琵琶曲中寻过，钟子期在俞伯牙的涔涔古琴声中觅过，徐志摩在内心的告白“我将在茫茫人海中寻访我唯一之灵魂伴侣”中坦言过，就是在莲花佛国，佛祖拈花，不也是期盼着迦叶微笑吗？

伯乐之于千里马，千里马之于伯乐，因为那份懂得，互相成就千古。

元好问也许是第一个踏上虞坂路的诗人。金元交替，国家动荡，人民颠沛流离，元好问和母亲流亡洛阳，途经苍凉的虞坂古道，留下了千古绝唱《虞坂行》：

虞坂盘盘上青石，石上车迹深一尺。

当时骐骥知奈何？千古英雄泪横溢。

贾谊、王恽、李白、李贺、苏东坡……历代文人，也都在用诗文演绎着千里马的故事。

虞坂盐运古道上有两处摩崖石刻，一魏碑，一行楷，李竹林先生曾实地考察过，那又是盐文化史上的一道风景了。

作为一名教育工作者，想到盐池边曾经的另一道风景，每每要笑出声来的。那就是历史上有名的盐务专学——运学。

元成宗大德三年（1299年），盐运使奥屯茂在运城东南，禁墙的北面，创建了一所盐务学府，名为“运学”。这不是一所培养盐务专业人才的学府，而是接纳盐商、盐丁子女入学的一个普通学府。盐池带来了富庶，富庶了就会有更高的精神追求，教而育之，文而化之，便是人最自然的需求了。

千万不要小看了这样的一所普通学府。虽说中间一度停办，复开后其规模之大，一个现代人还是很难想象得出的。运学有大成殿、名宦祠、乡贤祠、明伦堂、敬一厅、崇圣祠、尊经阁、仰德祠、观德堂、射圃等，单听这些名字，就会让人肃然起敬。尤为让人惊叹的是，在那样一个时代，运学的尊经阁里，竟然有藏书千卷余。

占地三十九亩的运学，被称为“他郡庙学之冠”，绝不单是因为规模，更是因为济济人才。以进士为例，明代自永乐十九年（1421年）到崇祯六年（1633年）的二百余年里，运学考取进士二十四人；清代从顺治三年（1646年）到乾隆三十六年（1771年）的一百余年里，运学考取进士三十三人。足见其辉煌！

运学，作为一个盐务专学，在当时的五个运司，唯此一个，也算是中国盐运史上的先河了。其对后世教育的辐射，更是功不可没。

元、明、清之际，兴办书院之风很盛，运城当然不会落后。河东书院等三所书院相继成立。我曾读过清代王思澄写的河东《书院古木》：

虬干亭亭岁月深，几枝疏影傍檐明。
槎丫独挺凌霄质，磊落长含太古心。
晓日山峦呈黛色，夜窗风雨带琴音。
只今正值需材日，莫老空阶恋碧岑。

我是如此神往运学的千册古书卷，我是如此神往书院古木下拂卷的身影，有书在，有木在，有人在，文明的根，文化的根，就会永远留住。

# 南风薰兮

那个“箫韶九成，凤凰来仪”的舜帝，一身的冲和之气，一身的英气和清气，举止稳健、从容、大气，眼神坚毅、淡定、和悦，在古河东的盐池畔安然端坐，手抚五弦琴，吟唱《南风歌》。《南风歌》和中条的南风一样，薰了中华文明几千年，其气场之大，不言而喻。而核心凝聚力，就是一个“和”。

## 一

晚秋的午后，阳光煦暖而绵长。泡一壶千年古树茶，燃一炷沉香，当古树茶里原始森林的厚重和清爽氤氲开来，沉香沉静的药香正袅袅。一屋子的清和，心情大好，轻声吟诵虞舜的《南风歌》：

南风之薰兮，
可以解吾民之愠兮；
南风之时兮，
可以阜吾民之财兮。

吟完，我“扑哧”笑了。舜帝吟唱《南风歌》，一定不是这样的风花雪月。



几次徘徊在运城盐池，我都感觉是在赏雪。蓊蓊郁郁的中条山下，一池皑皑，简直就是一个冰清玉洁的童话世界。深秋的阳光，运城暖融融的秋风，还有随风飘过的淡淡硫酸钠的味儿，那是盐湖特有的味道，提醒我这真的不是雪，而是“百味之祖”盐。在池神庙歌薰楼，那个舜帝弹古琴歌咏南风的遗址处，眺望浩渺盐池，沉湎其中，舜帝歌南风的影像渐次清晰起来。

◎远古 舜

一身的冲和之气，一身的英气和清气，举止稳健、从容、大气，眼神坚毅、淡定、和悦，安然端坐，手抚五弦琴，吟唱《南风歌》，一吟三唱，声音琅琅。我不知道是不是真的有凤凰来和鸣，反正舜帝弹琴的卧云冈，又名凤凰塬。

华夏民族五千年时空里的舜帝，实在是一个太完美的形象。大孝子，有美妻，口碑好，是仁君，既勤政，又民本，而且擅长音律。他在厉山耕种，大象和飞鸟都来帮着耕耘；他弹琴唱歌，凤凰也偕百鸟朝拜。

舜帝很重视“乐”的教化作用，他自己也精通音律，曾制作音乐“九韶”，取“绍（同韶）继尧道”。先秦最古老的典籍《尚书·皋陶之莫》记载：“箫韶九成，凤凰来仪。”是说，韶乐九段毕，凤凰也飞来朝贺，百兽跟着翩翩起舞。凤凰，在中华文化里一直是美好、祥瑞、和平、富丽的象征。大音希声，大象无形，其中喻象，不言自明。

音乐和诗歌，是人类多么动人的心语！

◎孔子圣迹图　仇英画　文徵明书

在运城期间，我还去了一直向往的黄河湿地，那可是母亲河黄河浸润的一方风景哦。深秋的黄河湿地，静水汤汤，苇叶枯黄，芦荻苍苍，美得让人心痛。水汀上，一群白鹭安然栖居，似是活在了时空之外。这里是《诗经》的源头，据说著名的《关雎》和《蒹葭》就出生在这里。“关关雎鸠，在河之洲。窈窕淑女，君子好逑。”“蒹葭苍苍，白露为霜；所谓伊人，在水一方。”在美丽的黄河湿地，吟咏着这样美好的诗歌，思无邪，思无邪，心里只有原始的素朴和清纯，真是好！

《诗经》里的《魏风》《唐风》，收录的都是河东地区的民歌。春秋之时，孔子编撰《诗经》，同样精通音律的圣人为每一首诗歌都谱了曲，亦是一边弹琴一边歌唱。若有人合唱，孔子觉得不过瘾，还要从头再来。有时他也会如舜帝一样，集谱曲、作词于一身，那首《猗兰操》，就是他的名作。

精通音律的孔子，教学生“六艺”时，“乐”首当其冲，在《论语》那首有名的《侍坐》中，当一旁弹琴的曾点一曲结束，气定神闲言志：“暮春者，春服既成，冠者五六人，童子六七人，浴乎沂，风乎舞雩，咏而归。”孔子喟而叹曰：“吾与点也。”我从中感受到了圣人“拈花微笑”一样的快乐和满足。

这样的一个圣人，当然极为推崇舜帝的韶乐。史书记载：孔子闻《韶乐》，三月不知肉味。“观止也，观止也。”孔子认为韶乐登峰造极了。“尽善矣，又尽美矣。”

舜帝《南风歌》，更是这么一首尽善尽美的登峰造极之作，《南风歌》和南风一样，薰了几千年，其气场之大，不言而喻。其核心凝聚力，我认为就是一个“和”。

## 二

和，是中国文化的核心。琴之和，风之和，心之和。

相传是黄帝时期的原始歌谣《弹歌》，就是简单的八个字：断竹，续竹，飞土，逐肉。这是对原始人类从茹毛饮血到游牧狩猎的直陈。

尧帝时有一首《击壤歌》："日出而作，日入而息，凿井而饮，耕田而食，帝力于我何有哉？"这是农耕文明的实录。和谐，安顿，秩序，已现端倪。

但都没有《南风歌》"和"得极致，"和"得彻底。

《礼记·乐记》曰："乐者，天地之和也。"《论语》曰："理之用，和为贵。"《孟子》曰："天时不如地利，地利不如人和。"《中庸》曰："和也者，天下之大道也。"董仲舒说："德莫大于和，和者，天地之正也。"作为中国的第一首盐诗，舜帝的《南风歌》怎么体现的"和"呢？

首先是琴之和。

相传舜是古琴的鼻祖，传说不足为据，但古琴确是"和"之美器。宋代《琴史》言："琴有四美：一曰良质，二曰善斫，三曰妙指，四曰正心。四美既备，则为天下之善琴。"古人弹琴，有十四宜弹：遇知音，逢可人，对道士，处高堂，升楼阁，在宫观，坐石上，登山埠，憩幽谷，游水湄，居船中，息林下，值二气清朗，当清风明月。 如此，才能奏出中正平和之音，传递淡远轻微之意。

其次是风之和。

南风，就是南方吹来的风。古代有多个称谓：熏风、八风、景风等。它是一种自然风、季风，祥和温暖。每到仲夏时节，万物勃发，群芳烂漫，皆因南风徐徐薰过。

南风，似是特为运城盐池而来，它和阳光、卤水一起，三美俱，共同成就了洁白的池盐。沈括的《梦溪笔谈》记载：

解州盐泽之南，秋夏间多大风，谓之盐南风。其势发屋拔木，几欲动地。然东与南皆不过中条，西不过席张铺，北不过鸣条，纵广止于数十里之间。解盐不得此风不冰，盖大卤之气相感，莫知其然也。

生活于其间的朋友曾经向我精彩描述过运城盐池的南风。他说方百二十里，烈日当头，卤水熏蒸，难耐之际，有微风徐徐，继而习习，随之如雷声轰鸣，似有千军万马厮杀，此时风力，大抵在七八级到十级不等。南风，奉天命，当时令，有节奏，携温情，是天时自然之和也。

再次是心之和。

人心之和，是和之根本。舜帝，这个贤明的帝王，一出世似乎就带了和气。《南风歌》在古代曾经被当作“教化诗”，言父母的养育之恩，如南风滋生万物一样，为人子女，应莫忘恩德，才会德如泉流。孝是做人的根本，孝了，必有婉容悦色，自然和。然而舜还有更大的“和”，那就是民本。

◎南宋 马麟 道统五祖像之帝尧

孟子这样给“民本”定位：民为重，社稷次之，君为轻。这和《南风歌》中舜的朴素民本思想是一致的。

运城盐池，利益一方。尧都平阳，舜都蒲坂，禹都安邑，都在盐池临近。盐可谓国家的经济命脉，帝王自然倚重。简车素服的舜帝，多次巡察盐池，他内心最大的愿望，就是吾民“解愠”“阜财”，也就是快乐、富足。至今，这仍然是考量人的幸福指数的两个元素。

富足了，才会快乐；快乐了，才会更加富足。吾民因南风而富足、快乐，舜帝以吾民的富足、快乐而富足、快乐，这就是舜帝民本思想最朴素最简单的解说。

如此说来，《南风歌》，和之大者也。

## 三

小到一盘菜肴，大到一个国家，如果缺少适中的盐来调和，都是寡淡无力的。从这个意义上，盐，也是和之美者。

文学史上有一个奇怪的现象，大唐时代，在河东大地上，灿若星辰的诗人很多：王勃、王维、王之涣、柳宗元、卢纶、司空图……垦畦浇晒法的创举，也是很能展现大唐清明和盛唐精神的，却没有留下一首歌咏河东盐池的诗歌，这是为什么呢？许是舜帝及其《南风歌》在历史的星空中太炫目，那些唐代诗人自觉隐去了吧，不得而知。

到了清代，河东盐运使张鹏翮倒是留下来一首古迹感怀的好诗《舜弹琴处》：

盛代弹琴迹未遐，长悬舜日照晴沙。
云分翠岭千秋雪，风送瑶池一夜花。
资国曾闻传晋宝，和羹又得供天家。
我生重遇重华世，斗粒朝朝百万车。

◎清　吴历　兴福庵感旧图

不管怎么说，文化的凝聚力一直都是很强大的，而且愈是古老，愈是强盛。从盐文化到黄河文化，从黄河文化到中华文化，都深深印证了这一点。文化的气息，如南风之薰兮，俯拾皆是。

舜都蒲坂，又称蒲州，也就是现在的永济。我在那里寻访舜的足迹，残存的蒲州老城墙的青砖缝隙，钻出来一丛丛杂草。往前走，就是王之涣登过的鹳雀楼；再往前，就是黄河岸边的蒲州古渡；隔河不远处，便抵长安城。这条路，不知有多少历史名人走过，这里的每一把泥沙，似乎都能攥出一个古老的文化故事。

归途经过一个寺院，竟然是历史上那么有名的一个地方——《西厢记》的诞生地普救寺，这简直是一个额外的惊喜。深山古刹，一直是方外的清净地。可是在普救寺里，偏偏安放了一个越了格儿的爱情故事。走进寺院，拾级而上，两侧的栏杆上挂满了同心锁。沿着寺内的院子东转西转，一步一步找寻着张生、崔莺莺的爱情故事，绕佛塔，拜观音，袅袅香火和《西厢记》的唱段纠缠不休，方外的清净和世俗的情执拧在一起。我突然想到，这才是生活禅。在红尘中打滚儿，在迷情中翻腾，当下，就是此岸；当下，亦是彼岸。

河东地区是梆子戏的鼻祖——蒲剧的发源地。元杂剧《西厢记》

诞生在这块土地上，也是有生命基础的。那位“蒸不烂、煮不熟、捶不匾、炒不爆、响当当一粒铜豌豆”的关汉卿，也有说是河东解州人。他滑稽多智，蕴藉风流，是“元曲四大家”之首，在中国文学史和戏曲史上有很重的一笔。在记住王实甫的《西厢记》的同时，我们同样不会忘记关汉卿的《窦娥冤》。和《南风歌》一样，那都是中华文化的记忆。

我又想到了柳宗元的《晋问》。接近尾声，柳宗元说：

三河，古帝王之更都焉。而平阳，尧之所理也，有茅茨、采椽、土型之度，故其人至于今俭啬；有温恭克让之德，故其人至于今善让；有师锡、佥曰、畴咨之道，故其人至于今好谋而深；有百兽率舞、凤凰来仪、於变时雍之美，故其人至于今和而不怒；有昌言、儆戒之训，故其人至于今忧思而畏祸；有无为、不言、垂衣裳之化，故其人至于今恬以愉。此尧之遗风也。

节俭、谦让、韬略、温和、前瞻、恬愉，当这些美好的品格集于一身，那不正是尧舜遗风吗?

尧、舜、禹，一直在中华几千年的时空上和善地凝视着我们，唯愿每一个炎黄子孙，能够接受到那一缕缕温热的注视，那么，尧舜之遗风，也会在我们的血脉中温热流动。

南风之薰兮!

# 黄河滚滚向东

晋商的前身就是盐商。盐商之始、晋商之祖的猗顿，和他的老师陶朱公一样慧而德；打过铁、卖过盐的关公，在家乡运城受家家供奉，且受儒、释、道三教供奉；明代的“开中法”，是晋商崛起的最佳时机……古河东，随黄河滚滚，把晋商和晋商精神带进了一个更为开阔的世界。

## 一

九曲黄河，在秦、晋的潼关和风陵渡之间，最后一个华丽转身，揽抱了古河东三角区，便汤汤向东了。百川东到海，黄河的归宿也是大海。

濒临黄河，坐拥盐池，古河东的水利是有传统的。从大禹治水，到李冰、猗顿、元清、姚暹……堤堵，滩蓄，疏导，这样丰富的治水经验，成就了在秦地做了郡守的河东人李冰：开凿了第一口广都盐井，成功治理了岷江水。李冰的名字，和那个世界奇迹都江堰，一并千秋传唱。

不过，猗顿的名气没有流淌在水里，他的成名在商界，水利，不过是他致富后的慈善而已。

汉代桓宽那篇著名的《盐铁论》中说：“宇栋之内，燕雀不知天地之高；坎井之蛙，不知江海之大；穷夫否妇，不知国家之虑；负荷

九月霜清柿葉稀蘆花
深處見漁磯等閒和得滄
浪曲不管人間是與非
雲間沈度
至正五年八月朔大癡道人作
于虞山望海亭中

◎元　黄公望　虞山一览图

之商，不知猗顿之富。”一介商人，一人之富，可与宇栋、江海、国家相提并论，在中国历史上，猗顿恐怕是唯一。

猗顿本是鲁国的一介寒士，耕种和蚕桑的能力平平，却一直做着一个富足梦。促他梦想成真的那个人，是我最喜欢的历史人物之一——被后世称为陶朱公的大夫范蠡。帮助卧薪尝胆的越王勾践一举灭吴，看透了勾践可共患难不可共享乐的本性，功成，名遂，身退，携西施泛舟于江湖，隐于齐国定陶，化名鸱夷子皮，世称陶朱公，三致千金，复散财，可谓官可卿相、商可巨富，为人又洒脱大气、智慧通达，范蠡多么富有魅力！

陶朱公之于猗顿，犹如伯乐之于千里马，陶朱公一定看出了猗顿经商的潜质，就告诉他去河东伊氏，蓄养母畜，猗顿因此一举发家。有了原始积累，猗顿又利用河东盐池之便贩盐，用他的那些马匹，把盐远销齐鲁和秦地，成了中国历史上第一个大盐商。随后，他又同时做起了更为高端的珠宝生意，还秉承了他师父陶朱公富裕了之后扶危济困、慈善众生的美德。

《史记·货殖列传》记载：“猗顿用盬盐起。而邯郸郭纵以铁冶成业，与王者埒富。”《辞海》解释：“盬，古盐池名。”许慎在《说文解字》中说：“盬，河东盐池。盬名盐，唯此池之盐，独名盬，余盐不名盬也。”在中国流传一种说法，商贾之“贾”字源于“盬”，由此可以推断，中国商业起源于盐业，中国最早的商人是盐商。司马迁盛赞猗顿：“长袖善舞，多财善贾，岂猗顿之谓乎。”盐商之始，晋商之祖、商人鼻祖、慧而德的猗顿，是无愧于这些称号的。

带了深秋的沉静，我来到猗顿的安葬地——猗氏王寮村。王寮是猗顿的大儿子。我不是商人，我是带了对晋商文化的敬重来祭拜猗顿的。猗顿墓园在村西，很安静，墓园前有石碑，上刻“古猗顿氏冢”，为清道光镌立。其东北不远处，有羊道沟、羊坡地，相传是猗顿当年放牧牛、羊之处。猗顿陵墓旁有几副对联，我只记住了一副：

◎明　仇英画　文徵明书　孔子圣迹图

陶朱驻陶，三致千金；猗顿顿猗，五牸盛名。

猗氏还有一个太范村，传说范蠡到河东经商时居住过。陶朱、猗顿，在相望的时空里，用“慧”和“德”，为后世商人竖起了两座不朽的丰碑。

我唯一读过的一首写猗顿的诗歌，是清代诗人郭为观写下的《过猗顿故居》：

中条山绕涑水潴，猗顿当年有故居。
豪富昔曾侯伯拟，姓名今仅贾商知。
散金岂解陶朱术，畜牸空传货殖书。
寂寞古城原下路，千秋过客几踌躇。

在猗顿的墓园，让我借了舜帝的五弦琴，亦弹亦歌，作为对猗顿的礼赞吧。

## 二

有意思的是，在运城，乃至在全中国，家家供奉的财神，不是富商猗顿，而是关羽关云长。

在解州吃着盐池的盐长大的关羽，打过铁，卖过豆腐，贩过盐，也算是一个盐商了，可论其财富，怎能与富可敌国的猗顿较之上下？也有人说，三国时期，关公在曹营得知刘备下落后，将曹操所赐金银诸物，一一开列明白，开创了中国账簿金、收、出、存之始，商人后来纷纷效法，拜为始祖。这个说法不免有些牵强。

我的理解是，关羽实在是太完美了，千百年来，在中国人的心目中，他人格最高，神职最多，神性最正最灵，他穿透时空的人格魅力，让每个领域的中国人都找到了心灵的归宿，商人也不例外。这样解读关羽也许太感性，关公奉为财神，或可说因为“义”，不义不是

◎关公

财，《论语》说："不义而富且贵，于我如浮云。"

在解州，有一个"村为村，邻为邻，关老爷为的解州人"的民谣。深受河东文化熏染的关羽，是仁爱正义的，他离开家乡，是因为为乡人铲除了一个地方盐霸。走出解州后，那些为大家熟知的故事，诸如桃园三结义、身在曹营心在汉、三英战吕布、过五关斩六将、单刀赴会、水淹七军、刮骨疗毒……哪一个故事，都会让人对关羽平添一份热爱和敬重。就是那个唯一有缺憾的"败走麦城"，也被人善意地理解为：关羽乃天宫青龙，在麦城不是真的失败了，而是被天宫召回复命，死的是躯壳，关羽的灵早就归了天位。

这样的一个关羽，离开时是汉子；回归时，则是神灵了。

关公故里解州，有一个全国最大的关庙，是盐商集资兴建的。我的朋友，新晋商任总带我去参拜过。他说一年里不知要来多少次，他的车里，有一个铜铸的关羽持青龙偃月刀像，不大，但很威武。他说家里供奉的也是关公。"关公是我家乡人。"任总很低调地张扬着他的自豪感。

去过很多关帝庙，真的都远没有解州的关帝庙舒展、大气。

斑驳的门窗、古老的牌匾、苍天的古木……这里的每一缕气息都透露了沧桑、古朴和尊贵。登上关庙春秋楼的麟经阁，内有关羽的侧身夜读《春秋》坐像，虽然不是站立，其挺拔、英武的气度，美髯公超逸的风神，还有凛凛然的一身正气，也很是让人痴迷。坐像周围，是国内唯一的木板刻《春秋》。这个读《春秋》的关羽，比操大刀的关羽，着实更多了几分魅力。

除了《三国演义》《三国志》在民间的广为流传，把关公推为极致的还有他的同乡、同族关汉卿，《单刀会》《西蜀梦》，戏曲在民俗文化中的传播力本也不小，再加上老乡写老乡，名人写名人，关公崇拜一下子成了全民无意识。

而历朝统治者对关公的尊崇，恰是抓住了民众的信仰心理，其最终目的当然是凝聚人心。汉封侯，宋封王，明封帝，清尊圣，名号步步升级，清光绪五年（1879年），敕号“忠义神武灵佑仁勇威显护国保民精诚绥靖翊赞宣德关圣大帝”，共二十六个字，可谓“前不见古人，后不见来者”，称得上是千古第一人了。

关公实在是太完美了！完美得敌、我、友莫不崇拜，完美得儒、释、道三教供奉。佛家尊之为伽蓝护法神，道家奉为“天尊”“帝君”，而儒家则将其和孔圣人并列，称为“武圣”。在山东曲阜的孔庙里，有这样一副对联：先武穆而神，大汉千古大宋千古；后宣民而圣，山东一人山西一人。山东一人是孔子，山西一人是关公。任总说，在运城人的心目中，关羽那些炫目的桂冠并不重要，衣锦还乡，是关羽叶落归根的必然；关羽之于乡人，更多的是家乡人的一份亲切。

任总这样说，倒是一个乡人对关公最好的热爱了。

时至中午，在关庙外吃了一碗晋南人称为“美的太”的羊肉泡馍，那些羊也许是猗顿蓄养的母羊繁衍下来的吧，肉嫩而多，香气纯正，也极为干净，是我吃过的最好的羊肉泡馍，当是大美了。

在关羽的老家常平村，我参拜了关羽的家庙。家庙很小，那棵一千多年的古槐却很粗大。只是一个“家”字，便平添了几分亲切。庙门口有关羽的乡亲摆着竹篮卖苹果，卖石榴，只是静静坐着，并不吆喝。算命的老先生捋着胡须，笑微微看着我。关羽老家的天空，亦是这样晴好。

## 三

日本学者宫崎市定说：“中国商业的起源也同盐有关系。最初的重要商品恐怕就是盐，最早的商人恐怕就是晋商。”

学者的论断不是空穴来风，盐在人类史上实在是太重要了。

唐代文学家柳宗元在《晋问》中说：“人之赖之与谷同。”

明代著名科学家宋应星在《天工开物》中说：“生人生气之

源。”

南朝齐梁时代的著名医学家陶弘景说：“五味之中，唯此味不可缺。”

盐对于人类的重要性，还在于作为一种自然资源，它是不可选择的，仅仅存在于特定的条件下，如地下、湖泊、海洋中。也正因此，在远古时期，生产力水平低下，最早被发现的自然资源必然弥足珍贵，也为各氏族部落倚重。古河东盐池正是这样的，所以中国最古的文明发端于斯。盐文化、黄河文化、中华文化，莫不如是。其中也包括关公文化。

关公文化的核心是忠、义、仁、勇。心中正，不偏倚，方为“忠”，于国于君于友，皆然。义气、信义、正义、侠义都是“义”，往往在利益面前，方显大义。仁者爱人，仁慈、仁厚、仁道，心宽了心厚了，才放得下仁；仁很丰富，是温度。义是关公文化最有特色的地方，是高层次的大气之义，是建立在道德之上的一种信仰。这四个字，秉承了传统文化的内涵，也是商业道德的基本标准。

河东盐池，孕育了华夏文明，也孕育了晋商。晋商的前身就是盐商。汉代，晋出现了“富商大贾周流天下，交易之物莫有不通”的繁荣，河东盐池成了全国商人重要的集散地之一。魏晋南北朝，名商巨贾比比皆是。隋唐时期，商人尤为活跃。武则天的父亲，就是一个经营木材南下倒换运城池盐北上的大富商，还出资帮助李渊、李世民父子起兵，后至显贵。

宋代实行“折中法”，官府让商人运送粮草到边塞，然后给予同等价值的“交引”，商人凭此到京城兑现钞，或到盐、茶产地按时价换取盐、茶赚钱。随后范祥又提出“盐钞法”，这相当于最原始的股票，即把边塞军费按照每一钞四贯八百钱作价，商人每买一钞，可到运城盐池兑换盐二百斤，自由贩卖赚取差价，于国，于民，于商，三者兼利，显示了高超的商业智慧。

明代，盐湖产量剧增，池盐堆上都长出了粗大的槐树。这是晋商

◎明 仇英 西园雅集图

崛起的绝佳时机。

明初，朱元璋、朱棣不断用兵，在绵延千里的边防线上设“九边”。为解决庞大的军事消费，洪武三年实行“开中法”，官府召集商人把粮食运往边关，然后换给食盐专卖的凭证“盐引”，商人凭此到指定的产盐区支取盐，再到指定的销盐区卖掉，从中获取利润。这对运城盐商最为有利，晋南盐商就成了明代晋商的代表，其间出现了很多大盐商，如蒲州的范士逵就是名扬西北的大商人；还有蒲州的张氏、王氏家族，临汾的亢氏，介休的范氏，都是佼佼者。一时间，运城盐商号高达五百余家。

李竹林先生曾带我们在运城老市区的一条巷子里，寻找过昔日繁盛的影子。那个盐商聚集的巷子，和残留着隐约风华的盐商宅邸，还有曾经票号林集的那个街道，当初的繁华、热闹只在夹缝间的幸存中慧眼识别了。

在运城学院政史系主任李永康教授的办公室，我们一起探讨过“开中法”对晋商的影响。李教授说“开中法”是晋商崛起的踏板。那个时候，许多山西商人运粮到边关，取得了河东、长芦甚至两淮盐的专卖权。长芦盐区，是我大海边的家乡，晋商的目光从黄河畔一直注视到了大海边，不能不让我感叹。

明朝中叶，晋商不仅把持了河东、长芦的盐专卖权，而且在两淮盐的专卖中和秦商、徽商平分秋色。二百多年里，“开中法”帮助晋商积累了多少财富啊！

以后官府又改为纳银换引，使得一部分商人从盐商分离出来，开始了粮食、棉布、丝绸、茶叶、煤炭、木材等多种经营。晋商的视线甚至不再满足于大海，他们渴望着彼岸更为开阔的世界。

明清时期，山西商帮的驼队，穿过蒙古大漠、天山南北，向西到达莫斯科、伦敦、柏林等地，晋商已成了“国际倒爷”的老祖宗。“汇通天下”的票号，更是让晋商名垂青史。随着电视剧《乔家大院》的热播，票号、平遥古城、乔家大院、王家大院……曾经陌生的晋商，在国人眼中日渐鲜活起来。但是更为鲜活的，应该是晋商自猗顿以来的商业精髓：

一时失望，终不绝望；一时泄气，终不丧气；脚踩大地，永不满足；聚财有道，不失时，不冒进；散财有方，扶危济困。

论其余不足，可知贵贱；贵上极则反贱，贱下极则反贵；旱则资舟，水则资车；人弃我取，人取我予。

和聚人心，诚信致胜。

……

就要离开运城了，我一个人悄悄来到黄河边告别。正是枯水期，在这个秋日，黄河收敛了澎湃的激情，颇为宁静颇为从容地流淌着。水汀偶有水鸟，或飞或栖，亦是安闲、自在。

我就这么静静地坐着，陪伴着黄河，或者是黄河陪伴了我。脑子里也如这秋日的天空一样辽远而慵懒，河东大地上那些文明的碎片，虚空白云一样不紧不慢地不断漂浮过来。

古盐池、池神庙、舜帝陵、关庙、鹳雀楼、普救寺……还有来不及寻访的禹王庙，永乐宫元代的壁画，教人稼穑的后稷遗址，司马迁、司马光的故居，以及更为久远的仰韶文化等多处史前文明。这块土地太厚重，每一个足迹都有文明。卑微如我，能像亲近黄河一样零距离地感受了它远古的气息，已是谢天又谢地。

那从远古走来的黄河，在河东大地，浸润了古老的文明，浸润了华夏的璀璨，浸润了文化的精髓，她却只道是寻常。永不停歇，更不会顾盼自恋，黄河就这么一路滚滚向东。

她的归宿，在更为开阔处。

# 第三章　海盐

## 万灶青烟皆煮海

泰州祭祀“盐宗”的庙里供奉着三位盐宗：一位是海盐生产的创始人夙沙氏，一位是盐商的祖宗胶鬲，一位是食盐专营的创始人管仲。夙沙氏煮海为盐的传说，可以追溯到炎帝时期；管仲的“官山海”，在中国历史上首次提出了盐铁专卖；山东寿光发掘了双王城商周盐业遗址，赢得了“中国海盐之都”的美誉。和孔子一样，这些都是齐鲁大地的骄傲，也是中华文化的骄傲。

# 他从远古走来

泰州祭祀“盐宗”的庙里供奉着三位盐宗：一位是海盐生产的创始人夙沙氏，一位是盐商的祖宗胶鬲，一位是食盐专营的创始人管仲。夙沙氏煮海为盐的传说，可以追溯到炎帝时期；管仲的“官山海”，在中国历史上首次提出了盐铁专卖；山东寿光发掘了双王城商周盐业遗址，赢得了“中国海盐之都”的美誉。和孔子一样，这些都是齐鲁大地的骄傲，也是中华文化的骄傲。

## 一

海盐的发现，源于夙沙氏的传说。

炎帝时期，在山东半岛南岸、胶州湾北部的莲花岛一带，住着一个原始部落，首领叫夙沙氏。有一天夙沙氏在海边煮鱼吃，和往常一样，他提着陶罐从海里打了半罐水，点燃了篝火，开始煮水。突然，一头野猪从夙沙氏眼前飞奔而过，敏锐的渔猎高手夙沙氏拔腿就追，不一会儿，他扛着打死的野猪回来，罐里的水也熬干了，罐底仅留下了一层白白的细末。夙沙氏用手指蘸了一点放到嘴里，味道又咸又鲜。他就蘸着烤熟的野猪肉吃起来，那味道格外鲜美。

那白白的细末，便是从海水中熬出来的盐。人类从此踏上了海盐生产的漫漫旅途。



美丽的青岛，温润的海洋性气候，把初冬拉伸成了深秋。碧海、

◎梁　张僧繇　神农伏羲像

◎五代　董源　寒林重汀图

蓝天、金色的树叶装点出了一树树的华美，那份惊艳隐隐让人心疼。

出了城区，行过胶州湾大桥，不一会儿，便来到胶州湾北部的韩家民俗村。民俗村坐落于古渔场和古盐场遗址之上，是中国海盐生产的发源地。千百年来，盐宗夙沙氏“煮海为盐”的传说在这里代代相传，村民们日出而作，日入而息，男人负责航海、捕鱼、晒盐、经商，女人则在家里织网、种田、理家，日子过得安宁而富足。

“盐宗夙沙氏煮海为盐的传说”是青岛市级非遗项目，这一段历史已经被引用到山东省初级中学课本《走进齐鲁文化》中。文中说：“海水可以煮盐，发明煮海水为盐的夙沙氏，就是山东半岛上一个古老的部族。”据说明代之前，韩家村有一座盐宗庙，供奉在主位的就是煮海为盐的夙沙氏，商周之际贩运卤盐的胶鬲、春秋时在齐国实行“盐政官营”的管仲，位于夙沙氏两旁。韩家村美丽的人工湖畔，有一口唯一幸存至今的古盐井，静默得和历史一样。

历史很静默，世间风波却如海水一样，从没有真正平静过。单是一个夙沙故里，齐鲁大地上的青岛和寿光，都在各说其辞。无论如何，文化的争夺战没有血腥，只会让人心生喜悦。所以，夙沙故里归了哪家，都值得高兴。

“中国蔬菜之乡”山东寿光，被中国盐业协会命名为“中国海盐之都”，是因为双王城商周盐业遗址的发掘。

双王城盐业遗址群，位于寿光市区北35公里水库处，距离渤海仅二十余公里。这里村庄稀疏，田野空旷，周围是一望无际的棉田。初冬时节，那些没有采摘完的棉花，如天空碎开的片云朵朵落下。商周盐业遗址现场坑坑洼洼的，还有一些浅沟，专家说是输送卤水的通道。

双王城，史称“盐城”，又叫“霜雪城”。民国时期编写的《寿光县志》称“此城日久陷于巨淀洼中”。今讹称为“双王城”。汉代，这里曾经属于钜定县地。光绪年间，双王城一带尚属于古巨淀湖东北边缘。双王城盐业遗址群面积达三十平方公里，已发现古遗址

◎南唐　董源　夏景山口待渡图

八十三处，其中，龙山文化时期遗址三处（属于龙山中期偏晚），商代至西周初期七十六处，东周时期四处。可以推知，早在龙山时代中期偏晚，双王城一带就有人类在此活动；至商代晚期，开始成为重要的盐产地；西周早期，延续了晚商时期规模。

有考古人员认为，规模巨大的制盐设施，如盐井、盐池群、盐灶的发现，再加上在双王城一带所发现的多处规模大、分布密集的商周盐业遗址群，说明商周时期这里的制盐工业已存在统一的组织和管理，是国家控制下的盐业生产基地。这也是中国古代盐业官营制度的雏形，比文献所记录的东周时期齐国盐业官营制度早数百年。

北京大学教授、盐业问题专家李水城称，双王城水库制盐遗址群面积之广、规模之大、数量之多、分布之密集、保存之完好，在全国非常罕见。

在双王城水库盐业遗址，出土最多的一种器具是“盔形器”，最近又发现了东周卤水陶罐，考古专家认为，盔形器、卤水陶罐，还有煎盐铜盘，都是珍稀的文物。

同行的朋友告诉我，发现遗址群的时候，正好邂逅了南水北调工程。一边是商周盐业遗址群，一边是造福人类的南水北调工程，此种两难，在山东相关领导那里答复却很是明朗：南水北调工程为遗址“改道”，若确实避不开将考虑对“遗址”迁移。



与夫子相邻，对文化的尊重，让厚重的山东多了一份大气。我一

直很喜欢山东，不只山水美丽，而且每一处都有齐鲁文化的尊严，我赞叹。

## 二

管仲，也是齐鲁大地的骄傲。

《孟子 · 告子下》中有“舜发于畎亩之中，傅说举于版筑之间，胶鬲举于鱼盐之中，管夷吾举于士，孙叔敖举于海，百里奚举于市”之论，有意思的是，这些孟子认为“天将降大任于斯人”的先人，竟然都和盐有关。其中之一胶鬲，在历史上原为纣王大夫，遭商纣之乱，隐遁经商，贩卖鱼盐。昔日泰州祭祀“盐宗”的庙里供奉着三位盐宗，胶鬲是其中之一，是作为盐商的祖宗被供奉的；另外供奉的两位，一位是海盐生产的创始人夙沙氏，一位是食盐专营的创始人管仲。齐国宰相管仲，是中国历史上第一个提出了盐铁专卖的人。

春秋战国时期，食盐产地主要分布在齐、燕、楚、晋、秦五国。齐国和燕国拥有丰富的海盐。而在盐政管理上独具特色，管理措施最为完备，管理思想最为丰富的唯有齐国。齐国在春秋和战国时期一直是个强国。《史记 · 齐太公世家》记载，周初太公望吕尚封于齐，“因其俗，简其礼，通商工之业，便鱼盐之利，而人民多归齐，齐为大国”。

◎清　袁江　海上三山图

◎制盐（三）

齐国北临渤海，东滨东海，拥有广阔的海涂盐场，为齐国以盐致富提供了得天独厚的自然条件。作为政治家和理财家的管仲，提出的“官山海”，即盐铁专卖政策，是齐国迅速致富的主要原因。正如司马迁所言：“齐桓公用管仲之谋，通轻重之权，徼山海之业，以朝诸侯，用区区之齐显成霸名。”

可以说，齐国财力之富，富在资产国有化和垄断经营上。

当齐桓公问管仲富国之策，并建议对房屋楼台、树木、六畜、人口征税，管仲一一否定，之后，郑重提出了自己的富国策：“唯官山海为可耳。”

“官海”即齐国政府明确规定食盐属于国有，但在生产上实行官督民产，规定百姓在特定时间、特定地域煮盐；政府设置盐官，统一收购，统一运输，统一销售。“官山”与此类似，国家把铁矿开采交给百姓承包，并根据产值按三七比例分取利润。

《管子·海王》记载，“官山海”让财富迅速积累到齐国君主手中，为桓公霸业奠定了坚实的财政基础。仅食盐专卖一项，管仲为齐桓公算了一笔账：一个具有万辆兵车的大国，一千万的总人口中应纳税的人约一百万，每人每月征收三十钱，一个月也就三千万钱；但只要每升盐加价二钱，因为食盐销售严格按照户籍实行“计口售盐”，每月即可多得六千万钱，远超过每月三十钱高额人头税带来的收入。

简单的横征暴敛容易激起民变。“官山海”表面上并没有直接征税，不会引起人民的任何抱怨，达到“见予之形，不见夺之理”，是很高明的国家财政方式。

“官山海”在管仲之后倍受各朝重视，特别是宋、元、明、清这千余年间，盐课收入已经成为朝廷仅次于田赋的第二大财政来源。

古代一家盐号有这样一副楹联：胶鬲生涯，桓宽名论；夷吾煮海，傅说和羹。中国盐业史上的四个名人，用对联这样的文化元素，被一代代后人纪念着。其中那个著名的文学家桓宽，就是汉代有名的《盐铁论》的作者。

管仲的盐铁专卖，在中国历史上热闹了几千年。

## 三

作为百味之祖，盐在中国远古时代就被当作调味品。

《尚书·说命》就有“若作和羹，尔惟盐梅”的记载，说明在商代人们就已经知道用盐做调味品，用来配制美味的羹汤。《尚书·禹贡》也有青州“厥贡盐絺”的记载，可见商代以前的夏代，就有“贡”给奴隶主国家的盐。这种盐是做调味品用的，并且极为珍贵，当作贡物上交。因而中国关于食用盐的最早记载时间，可以溯推至夏代。

及至周代，人们已经把咸味作为“五味”（酸、苦、辛、咸、甘）之一，并用于医治疾病。《周礼·天官冢宰》中就有“以咸养脉”的记载，这是周代人对盐的医疗功用的新认识。战国末，秦相吕不韦集合门客编写的《吕氏春秋》，有“调和之事，必以甘酸苦辛咸，先后多少，其齐甚微，皆有自起”“咸而不减”的论述，更加具体地谈到了咸味的调理方法。

其后，盐的调味作用愈来愈受到人们的重视，汉代王莽称盐为“食肴之将”，越发突出了盐在饮食文化中的地位。

说到饮食文化，我一下子想到了齐鲁大地上的圣人——孔子。他“食不厌精，脍不厌细”，且“鱼馁而肉败不食，色恶不食，臭恶不食，失饪不食，不时不食，割不正不食，不得其酱不食”。一个破落贵族，干吗那么讲究？其实，这正体现了孔子思想的核心——“和”。饮食，是“和”的一个细节处。

尤其是“不得其酱不食”，酱在饮食中真的有那么重要吗？

毛子水在《论语疏证》中说道：“设食必有醯酱，自古已然。”《礼记·曲礼》：“脍炙处外，醯酱处内。”那是怎样的讲究！凡鱼肉各有气味相宜的酱，马融说：“鱼脍非芥酱不食。”吃什么肉，配什么酱，才最相宜，不只是讲究，那又是多么“和”啊！

古人的酱不是我们现在的酱油。在孔子时代，豆、面类发酵调味料——豆豉、豆酱、面酱、酱油等，还没有发明；到了汉代，才出现了豆酱和面酱；紧接着，魏晋南北朝又出现了酱油，于是先秦时期的各种酱才逐渐退出。

古人为什么这么重视酱呢？中国古代的炊具主要有鼎、鬲、釜和甑、甗。这样煮和蒸应该是古人最主要的烹饪手段。以煮和蒸烹饪食物，味道难免清淡，必须用酱料增添味道。但孔子时代的调味料主要是盐、酒、醋、葱、韭、蒜、姜、芥、桂皮、花椒等，只凭这些调味料是达不到提味添香效果的，所以酱就格外重要了。

醢，专指肉酱，制作时把肉剁碎，拌上盐、酒曲、生姜、桂皮等，加上酒，再密封百日。古时酒的浓度不

◎明 唐寅 东篱赏菊图

高，用来浸渍碎肉，多少都会发酵。食物发酵后会产生特殊的气味，对于以煮和蒸为主要烹饪手段的古代饮食，更具有添香、加味的意义。

其实，酱真正的意义，是更好更节约地使用了盐。酱丰富了盐的滋味。盐入了酱，确是个好去处。

我的家乡，古时是齐国的北疆、燕国的近邻，盛产海盐和冬枣，也有做酱的传统。每年二月二龙抬头，妈妈都要用大铁锅，炒熟一二十斤黑豆，然后磨成豆粉，用手攥成大大的豆面团子，放入簸箩里，盖上白苫布，在太阳下和热炕头上发酵酶变，再把发干的豆团掰成小块儿，加入适量的盐和水和好，装入黑瓷盆，蒙上一层厚厚的白苫布，用粗麻细绳捆好，再用秫秸盖帘儿盖上，七七四十九天打开，那清鲜发酵的气息很是熏人，便可以食用了。

但最好吃的还是陈年的老酱，黑黑的酱放在黑黑的粗瓷酱碗里，放学回家，掰半个玉米饼子，抹上一层黑酱，挎着篮子，一边吃，一边往田野里去打草挖菜，甚是惬意。

当然了，如果烙上几张白面饼，卷上家做的黑酱和自家园子里的小葱，咬上一口，那个香哦！那便是农家人心里神仙一样的日子了。

盐，带着海风气息的盐，从远古走到今天，携了历史风云，也带着世俗情味，多么厚重，又多么生活！

夙沙，实在是可爱。海盐，实在是美妙。

# 旧城故事

黄河古道，千年老槐，寺院老僧的传说，静静陪伴了一座老城的遗址。那就是我的老家旧城，一个做了盐山县治八百二十年的地方。盐山因盐而得名，昔日的那条运盐水道——柳河，已经消逝在岁月深处。柳河入海处，曾是古代北方最大的通商口岸，名叫海丰镇，如今成了国家级非物质文化遗产。二十四场不在，海边却还有长芦盐场的记忆。古代制盐法，仍然在海边的一个小渔村——新立灶传承着。

## 一

每个人的心底，都有抹不去的老家的记忆。

我的老家六间堂，是一个被枣树和老柳树环绕着的小村庄，很安静，也很平常。村边老柳树下是打麦场，环村皆是。大秋过后，麦场如产后的女人一样安谧。那些被海浸的土地，重新泛起了秋霜一样的盐碱土。小时候在打麦场蹦房子，总会见一些老人拿着簸箕和笤帚疙瘩，很安闲地扫那些盐碱土，然后去腌制刚从田野里收获的芥根和萝卜。我妈妈聪明，刮回的盐土，她先要找一个破瓷盆，在阳光下水滤，然后捞出结晶的那一层盐皮，再去腌制咸菜。

老家处于九河下梢，原是古黄河三角洲，曾经沃野千里，水草丰茂，王莽时期（9—23年），渤海西岸发生大海侵，“天尝连雨，东北风，海水溢，西南出，浸数百里，九河之地已为海所渐”（《汉书》

◎唐　孙位　高逸图

卷二十九《沟洫志》），才成了以后的盐碱地。世世代代耕种，土壤有所改变，但还是碱。

十华里外的旧城镇，有历史深处很悠长的一个记忆，是有两千多年历史的一个古村落。小时候，我和一些小伙伴儿，总喜欢徒步去旧城赶集，那里简直就是我们这些乡下孩子的天津卫。古槐、老城遗址、黄河古道、神秘的传说，还有数不完的砖头瓦块、除不尽的蒺藜棵子马苋菜，一度都是我记忆里的格林童话。

生长在黄河古道北岸、老城南边的那棵古槐树，旧说是唐代旁边寺院的一个老僧手植，原来还挂过一个老钟。老钟不再，老僧也早已隐入了长白山林，破败的城垣，只留下了这么一株奇特的老槐树。半截沧桑的老树皮，支撑着在时令里年复一年轮回着荣枯的老树冠，似是昭示着旧城古老的记忆永远不会老去。

这棵老槐树，是当地文人乡间的老祖父，他们会不时地探望，离开后，再把心底的那份情温温地封藏在笔下的诗文里。

这座老城的记忆里，也有浓浓的咸味儿。

建于汉高祖五年（前202年）的盐山县，原称高成县，西晋时改称高城县，县境内近海处有一座火山爆发形成的盐山。盐山古称碣石山，又一说是曹操“东临碣石，以观沧海”处，山下有明月沽产盐，山腰建有盐神庙。北齐天保七年（556年），盐山县治移至盐山城北大留里，也就是旧城。隋文帝开皇十八年（598年），借此山名改高城县为盐山县。明洪武九年（1376年），盐山县治由旧城迁至香鱼馆（今盐山县城）。从南北朝北齐始，经隋唐、五代、宋辽、金元到明朝止，旧城成为盐山县治，前后历时八百二十年之久。县治迁居，旧城从此真的成了一座旧城了。

一个地方，成为县治，抑或消逝县治，一定是有其历史渊源的，旧城也不例外。

旧城的南边，原来有一条河，叫柳河，曾是黄河入海的一条主干河流。这条河，也曾是北方一条很重要的盐运水路，它的入海处，就是历史上宋金时期北方最大的通商口岸——海丰镇。

自秦始皇，齐就以鱼盐雄天下，盐山县是齐域的最北面，在海丰镇附近曾设柳县。西汉元封元年（前110年），全国始设盐官三十八处管理盐政。渤海郡章武县（县治在黄骅市故县村北）为首批置盐官之县。东汉末年，渤海郡高城东北一百里，北尽漂榆（今黄骅市海丰镇附近），东临巨海，民咸煮海水，呈现了“万灶青烟皆煮海”的盛况。《隋书·食货志》也记载，当时“傍海置盐官，以煮盐，每岁收钱，军国之资，得以周赡”。

位于柳河畔的旧城，得了天时、地利、人和，成为县治就不足为怪了。柳河两岸，至今尚存一些很能体现地域符号的村庄——大郭庄，大、小河南，堤柳庄，一溜儿马闸口……

唐元和八年（813年），沧海水潦，侵盐山等四县；元二十七年（1232年），春旱夏涝，居民啖藜藿木叶；明太祖洪武九年（1376年），县治迁至鱼香馆；再以后是燕王扫北……再加上惠民河的挖掘，导致了柳河淤塞，黄河改道。天灾人祸，使得历史上一条灵动又繁荣的河流消逝了。

但是记忆却永远是鲜活的。每每踏上故土，踩着海浸的盐碱地，寻访旧城古槐，眺望黄河故道，我的心总会如黄河流沙一样缓缓沉淀下来。还有北齐墓、七女冢、窦王坟……我家乡的这方厚土哦，让我行走的步履，愈发坚实，愈发温暖。

## 二

柳河的入海处，孕育了一个古代北方最大的通商口岸——海丰镇。

第一次去海丰镇，我不是为了盐，而是为了那些碎瓷片。古文化遗址已于2011年，和聚馆古贡冬枣园一起，成为国家重点保护文物。那些金元时代残留下来的碎瓷片，也被访古的人捡拾了一茬儿又一茬儿。等我和爱人赶到那里，仍然有无数的瓷片，散落于沟壑和那块儿有名的马鞍地里。我的童年，是伴了马鞍地金高粱的传说，以及旧城

◎明　钟钦礼　雪溪放舟图

古遗址老僧和蟒蛇的故事的。那些遗迹，真是古老得成了精了。

考古显示，那块儿马鞍地，就是金代海丰镇通商口岸的码头遗址。

那些瓷片，釉色有白、黑、青、黄、酱、双色、彩色等，有定州窑、井陉窑、磁州窑、耀州窑、钧窑、龙泉窑以及景德镇等窑所产。考古专家认为，海丰古镇在金代，是我国南北瓷器集散地，是一个繁华的所在，而且日本、朝鲜以及东南亚国家出土的相当一部分宋金时期的瓷器，很有可能就是从海丰镇输出的。

瓷片，还有其间出土的围棋子，以及女人的铜镜，都昭示着海丰镇曾经的富足。其富足的源头，我认为还是盐。

据民国《盐山新志》记载："海丰镇在天津未兴之前为海口第一繁荣之区……至元盐业不振，渐废为墟……海丰镇为繁盛之区皆以行盐故也……"考古学家在遗址中发掘出灶十九个，这些灶大同小异，由烟道和灶膛组成。专家说，这极可能就是海丰镇煮盐的灶。除了盐灶还出土了陶罐、陶盆，它们里面有一层白色附着物，基本断定就是煮盐的器物。盐灶和盐罐的发现，佐证了海丰镇当时也是一个大的煮盐场所，而盐在当时很大程度上代表了一个地域的经济。海丰镇的富足，可见一斑。

海丰镇有水陆两条盐运古道：盐运水路，以海丰镇南面的柳河航运为要津，过角飞城（今海丰镇），西南经羊二庄，西至章武县治所（今黄骅市故县村），再经高城县治北（今盐山故城赵村）复西行沧州捷地，经达长芦，连接漳、衡二水，隋唐以后，就是永济渠；盐运陆路，由羊二庄经沧州而总汇瀛洲（河间）为转运，西行行销各地。

唐代河间诗人刘长卿所作"晚来潮正满，处处落帆还"（《晚泊无棣沟》）的诗句，描写的就是商贾云集、一川白浪、帆樯如织的盐业盛景。

据《盐山新志》载：沧盐之盛启于五代、金、辽。到了金代，海丰镇一带盐业尤盛。金大定二十二年（1182年），沧州、山东两盐使司合并为海丰盐使司。海丰镇盐场成为沧州、山东一带主要产盐区。元至明初，盐业大发展，长芦盐运使司所辖南、北二司各有十二场，也就是历史上的长芦二十四场。

海盐从煎煮到滩晒，是从明世宗嘉靖元年（1522年）开始的，这是海盐历史上的一次很大的变革，而海丰场率先改滩晒，开了长芦盐区的先河。

《古今鹾略》（卷一）记载，明嘉靖元年，在今河北省黄骅、海兴县境内，“有大口河一道，源出于海，分为五派，列于海丰、深州海盈两场之间，河身通东南而远去。有福建一人来传此水可以晒盐，让灶户高淳等于河边挑修一池，隔为大、中、小三段，次第浇水于段内，晒之，浃辰（即十二天）则水干，盐结如冰。以后，海丰场灶户高登、高贯，见此法比刮土淋煎简便，各于沿河一带择方便滩地，亦修池晒盐。共占官地一十二顷八十亩，建立滩地四百二十七处，所晒盐斤，或上纳丁盐人官，或卖于商人添包”。时任长芦盐运使的刘思贤，是一个开明的盐官，他得知晒盐利厚，曾减征盐课，作为奖励。

◎古画

但这一变革并未得到明王朝重视，直到清初，才得以全面推行。

历史的规律，总是盛极必衰。海丰镇的繁华，也会谢幕。谁也不必感叹唏嘘，世界的幻象就是这么无常。无常为常。

最流行的说法是：海丰镇的衰落缘于元代开凿了惠民河。惠民河横断并淤塞了柳河河道．使海丰镇运盐水路受阻，从此古黄河改道，内河航运由陆路运输取代，其盐业一度衰落，海丰镇渐废为墟。

其实除了地理的原因，历史上有名的靖难之役，也是导致海丰镇盐业大衰的原因。盐民阻止燕军南下，大多遭杀戮，以致南司诸场尽废，河南省北部地区“民皆淡食”，正是应了张养浩的“兴，百姓苦；亡，百姓苦”。

我问爱人：“一处文化遗址，对后人的意义是什么？”他回答得很朴素：“留个念想儿。”见我有些懵，他解释道：“那些念想儿，

在一代又一代的人心里如普洱茶一样发酵，偶尔喝上一杯，带了岁月的味道，养人。”

我想了想，也对。文化之于国人，就是一份滋养，一份润物细无声的滋养。中国，中国人，都是这样长大的。

## 三

离开海丰镇古文化遗址，我和爱人径直去了不远处的长芦黄骅盐场。

初冬时节，正是产盐的淡季。阳光和风也都淡淡的，那些红砖砌就的盐汪子，如一块块方方正正的庄稼地，在冬日里静默着。春上时来这里，沟畦上偶尔可见简陋的鸟巢。那些雏鸟儿，小巧的身子，长

◎ 劳作图

长的腿儿，甚是可爱。路边，一坨坨的盐码子，一字排出老远，很是彪悍。

在盐场生活了近三十年的阿涵兄，温厚得像村里的邻家兄长，一说起盐，真的很有村野田畔话桑麻的热乎劲儿。他说盐也有种子，放进汪子里，会加速卤水结晶。待结晶成一片，还要用活茬耙子搂开，那“啪啪”的声音，犹如庄稼拔节声声。盐的收获时节，也如同庄户人的大忙二秋，汗水和喜悦一样多多。他说大凡累人的地方，人也格外单纯、朴厚，在盐田忙碌后回家，看看书，写写散文，偶尔有村居的同事串门子，一杯茶，一通神侃，彼此都酣畅。

长芦，原系古漳河一条支流的名称，因两岸多芦苇得名。北周大象二年（580年）在水旁置长芦县，明永乐年间长芦盐区正式定称。明万历三十八年（1610年），长芦都转运盐使司青州分司，由丰润县宋家营迁至天津。清康熙七年（1668年），长芦巡盐御史衙署由河西务移驻天津三岔河口西北岸。康熙十六年（1677年），长芦盐运使司衙署从沧州新城内移至天津。至此，长芦御史、运使各署均移驻天津。

长芦盐区，位于河北省和天津市境内的渤海西岸，黄骅场区位于长芦南海丰镇古盐区，1958年，在遍布碱蓬棵子、野兔子窝的百里废滩上，重新兴建，并日渐辉煌。

爱人说想去新立灶看看古法制盐，他对“非遗”文化，一向有热情。

新立灶，是南排河镇的一个小渔村，自古以来，打鱼却并非主业，这是一个制盐专业村，而且一脉承袭的是明世宗嘉靖元年福建莆田人传到长芦的滩晒制盐法。

去海南旅游时，我专门去过儋州市洋浦湾畔的千年古盐田。一千二百年前，福建人谭正德带着最早的“洋浦开发者”来到海南，因地制宜，在海边凿石，造出了一个个砚台一样的盐槽子，太阳为火，石槽当锅，首创了“日晒制盐法”。

抵达洋浦古盐村时，正值夕阳西下，一轮红日像个毫无城府的女子，坦坦荡荡地徐徐落下。那些砚台一样的石槽，自然中增添了几许人文情怀，煞是迷人。

盐田村的村民，个个都是好导游。一个笑容灿若阳光的海南娇娘子，很自豪地向我们介绍："这个古盐田有一千二百多年的历史，是我国最早的日晒制盐场，保留了我国最原始、最古老的的日晒制盐方式。把太阳晒干的海滩泥沙，浇上海水过滤成卤水，再在玄武砚式石盐槽上晒，就晒成了白如雪、细似棉的盐巴。而且，老盐巴可清热退火，消毒祛瘀，做的菜也比一般的盐香哦。"

等到"谭氏日晒制盐法"传到长芦盐区，已经是六百年以后的事儿了。

新立灶，亦称辛立灶，紧邻长芦盐区，名字起得也很有咸味儿：辛辛苦苦建立起的煮盐的地方。因为不是晒盐的季节，那些最原始的制盐工艺无法展示，新中国成立前出生在新立灶的一个盐民家庭的姬成国老人，只给我们演示了"扬花看卤"法，铁锨扬起卤水后，根据卤花的颜色和起落时间，就可以目测出卤水的浓度了。传统的手工制盐程序是很复杂的，修滩、整池、纳潮、制卤、结晶、采收、堆坨、运输，每一个环节都很重要，而制卤更是重中之重，原始古老的气息，在这个渤海湾的小渔村弥散，真是堪可欣慰啊。

本土的文化，往往最能点燃乡人的热情，一路上爱人都兴致勃勃的。冬天的傍晚来得早，回家时已是华灯初上，爱人给我讲明崇祯九年进士、长芦盐运司韩应龙，在黄骅西北官庄买地为盲人等办慈善的故事，讲保留至今的那块石碑，故事和灯光一样温暖。

境内还有秦朝的丱兮城、汉代的武帝台和郛堤城、古贝壳堤遗址，哪天有闲，也要一并走走了。那些记忆里，也少不得家乡海盐的气息哦。

# 送你一张小城的名片

博物馆，是一座城市历史和文化的缩影。历史之于一座城市，犹如家谱之于一个家族，那份源远流长的生命脉系，会让人更清楚从哪里来，又到哪里去。生命的脉系，需要文化的润泽，如同一棵老树离不开阳光和雨露的滋养。一座小城的海盐博物馆，真的是滋味俱全。百味归宗，还是咸。盐就是这么隽永，华美也是，悲凉也是；富足也是，贫寒也是；和谐也是，战争也是。

## 一

初冬了，秋还在缱绻着，枫红未尽，黄叶疏落，公园湖畔的芦荻花开得好自在，如黄土地上泛起的碱花。小路尽头是一片古色古香的建筑群，那就是河北省海盐博物馆。

数不清来了多少次了。空闲的时候，喜欢一个人走走，盐博物馆游人寥寥，很多时候就是我一个人。从喜马拉雅山那块儿如玉般温润的岩盐出发，从茹毛饮血的远古，经过煮海为盐的夙沙氏、开凿了第一口盐井的李冰，顺着波浪状的拐角，便走进了华夏漫漫的海盐历史中。

海兴古盐遗址，海丰镇遗址，双王城、香港、重庆中坝古盐业遗址，还有那些陶制的盔形器、磨盘、灶块等。当那些荒芜的遗迹在大脑里复活还原，那一幅幅鲜活的古人制盐的画面，那远古的朴拙和智

◎五代　卫贤　闸口盘车图

慧，总会让我沉醉半天。

清醒过来，一下子又跌进了另一段远古，那是一个用金属器煮盐的时代了。垒灶，盘铁，取卤，熬波……古人不厌其烦地把每一个精细的环节都打磨得如临盛典，只为迎接大海的孩子——晶盐。

煮海的时代过去了。太阳神、风神驾临海边，海南洋浦的砚田晒盐，浙江岱山人的板晒，长芦盐场的海滩晒盐，聪明的古人借自然的神力，在人类制盐历史上，大大向前迈了一步。

一抬眼，又看到了泰山玉皇顶上那块“惟天在上”的石碑图片，字刻得凝神聚力，朴实无华，碑的上额是“顺治八年八月仲秋初五日吉旦”，下额是“钦差巡按长芦采处监政监察御史杨义所立”。惟天在上，一切都是人在做，天在看，如许平常，也坦荡、明朗得让人震撼。

海盐展厅光线有些混沌，如远古，我也似是走过了一个人的地老天荒。蓦然间，光线灿然，一个明媚的世界出现了。运城池盐、自贡井盐、明万历年间《河东盐池之图》的拓片、蜀太守李冰开凿盐井的国画、东汉井盐生产画像砖，还有宋代大英卓筒井的模型……在时代的穿梭中，我走过了盐史的色彩斑斓，那是一场富贵和华美的梦。

光线渐渐暗了下来，展厅里出现了一幅幅盐工劳作的图片，那才是繁华背后的真实。四川井盐、云南井盐、西藏井盐……在芒康晒盐的模真景观前，我停了下来。西藏芒康的盐田，就建在澜沧江两岸陡峭的山坡上，山峰峭拔，江水滔滔，两岸用木柱支起的一个个平台却很安静。还有安静的西藏女人，一手拿着锅巴，一手扶着背卤桶，在仅容一个人通行的盐井艰难取卤；另一幅图片，是一个围了头巾的藏女弯腰用刮盐板收取细白的盐末。这让我想起了那幅世界名画《拾麦穗的女人》，金色的阳光，和谐、安静的画面，质朴、勤劳的女人。但艺术的美好遮不住生活的沉重，艺术生活化，远比生活艺术化来得轻松。

轻轻拐弯，我撞上了在中条山虞坂古道邂逅千里马的伯乐；举步往前，遇见了下江南的乾隆皇帝，在美丽的瘦西湖畔。

……

行走在历史中，感觉是那么美妙！我不能独乐乐，总喜欢把每一个来到小城的朋友拽到这里来，喜滋滋地说：送你一张小城的名片，这就是我家的客厅。等到朋友在我家的木根茶台前坐定，一盘冬枣做茶点，当铁壶里煮的陈年普洱汩汩如泉，出汤，分盏，氤氲在茶香里，和朋友分享与盐相关的故事，又是一大乐事。

我的老师闻章先生来小城，我也是这样拽着老师和同行的一鸣、田鹏，来看小城的盐博物馆。他们都是来过的人，可还是一样的兴致勃勃。闻章老师一直静静地听着，静静地看着，他一定从盐里悟到了禅境。老师那份身心合一的禅境，在一举手一投足间，我都能感觉得到。

参观完博物馆，老师说：感，就是咸心；咸心，就是一颗纯粹的完整的心；带着这样一颗心去看世界，就会感动。老师还说我越来越咸了，真是禅。

## 二

博物馆，是一座城市历史和文化的缩影。每到一个地方，我总喜欢先到当地的博物馆转转，也惊羡于人家历史之悠久，文化之厚重。心底每每随之生发一种感慨：我的家乡，那渤海边的一片海浸地，在历史的天空下，为什么就没有这样的殊荣呢？

历史之于一座城市，犹如家谱之于一个家族，那份源远流长的生命脉系，会让人更清楚从哪里来，又到哪里去。那份活着的清晰感会让人心生欢喜，会让人心里更踏实。生命的脉系，需要文化的润泽，如同一棵老树离不开阳光和雨露的滋养。

可真正贫瘠的是我，不是我生活的小城。发现了小城很富庶的那位古稀老人，就是如一位茕茕高僧靠化缘白手起家建起一座辉煌的寺庙一样，修建了河北省唯一一所盐业博物馆的魏兰香馆长。

老人也有自己的信仰。大海、盐、冬枣是家乡的符号，她要让天下人都知道。聚馆古贡冬枣园，已经被老人争取为全国文物保护单位；海盐博物馆，亦是闻名遐迩。博物馆的历史文物展厅和海洋珍奇生物展厅也在小雪后的这个冬日面世了。活一辈子，干几件实事儿，这就是老人最朴素的信仰。其信仰之虔诚、真纯，无亚于弘一法师。

做事的人都简单，是大道至简之简单。可世上打牙撂嘴儿的人似乎更多，他们关注的，往往不是做事人做的事儿，而是事儿外的那些不是事儿的事儿。闲人把不是事儿的事儿整成了什么事儿，真正做事的人也不会真正介意，否则什么事儿也做不成。我平生最敬佩的，就是干实事儿的人。

老人的生命格局大，是我敬佩的另一个地方。小女人，大情怀；小女人，大气象。老人一出手，思维的鲜活，理念的前瞻，细节的精致，格调的高端，品位的大气，不能不让人惊叹。不信你看我们的博物馆。

老人也很女人，她看到我后绽开的笑容像娘。如果是老人的小孙

◎明 沈贞 竹炉山房图

女跳到了面前，那个老祖母的笑容哦，简直可以把月亮融化。

我去博物馆，很少见到老人。她忙，我不忍心。偶尔打扰，老人总要拿出她的好茶，亲自为我沏上一杯，然后就着茶香聊盐的故事。

柴米油盐酱醋茶，都是很生活的味道。我喜欢茶，喜欢茶文化，又喜欢上了盐，喜欢上了盐文化。很多朋友讶然：不搭界啊。不搭界的是人固有的思维，不是茶，抑或盐。

神农尝百草，发现了茶。几乎同时代发现的盐，也是远古时代的人尝出来的呀。一棵经历了岁月的老茶树，和一片古老的盐田，都是源于自然，然后通过人的精细参与，一步青青，一步白白，走进了人的生活。

盐是百味之祖，如阳光空气一样，人离不开却极容易忽视它的存在。没有了盐，一切淡食都会让人和生活苍白无力。茶得遇了水，才会展开美好的生命。盐，人也并不直接食用，而是腌入别的东西间接食用。人们常常只记得腌制的别的东西的味道，却忘记了盐自身的味道。其实任何山珍海味总是因盐而有味；离了盐，其滋味必会大打折扣。

清代钱塘人陆次云撰《湖壖杂记》言：“（龙井茶）啜之淡然，似乎无味，饮过后觉有一种太和之气，弥沦乎齿颊之间，此无味之味，乃至味也。”平淡，确是生活的真味，如文字的朴实，如做人的天然。咸味其实也是极为平淡的，人人忽视，看不见，摸不着，却无所不在，滋养生命。

我每次离开博物馆的时候，老人若看见，必要送我出门很远。回望，一位古稀老人，高高的身影，一丝不乱的头发，温热的眼神，她身后的博物馆是老人最好的背景。这平常的一幕，会让我定格一生。

## 三

我本是散淡的人，来的多了，脚步也任运自由。一次，我从那块喜马拉雅山岩盐后面的出口进入，和每次的安详、凝重大不同，我的心一下子热闹、华贵了起来。

盐业博物馆分三层，我最常逛的一层出口处，是盐商和戏剧板块，鲜亮的戏剧照，伴了视频里程砚秋演唱的《锁麟囊》中“那一日风光忽然转变……”这个切入，真真华美得可以。

富足了的盐商，大都喜欢戏剧，这是文化的幸事。

清乾隆五十五年（1790年）秋天，徽州盐商江鹤亭为了庆祝乾隆八十寿辰，在安庆组织了一个名为“三庆班”的徽戏班子进京演出，以后又有四喜、和春、春台等徽班进京，日渐和北京已有的昆曲等剧种融合、衍变，最终于同治、光绪年间诞生了京剧。

诞生于江苏昆山的“百戏之祖”昆曲，是阳春白雪，深为乾隆喜爱。扬州盐商为了减免课税，趁皇帝下江南之际，纷纷置办昆曲家班，扬州昆腔之胜，始于商人徐尚志征苏州名优为老徐班。此后，盐商黄元德、张大安、汪启源、程谦德各有戏班，称为黄班、张班、汪班、程班。接着，洪充实有大洪班，江广达有德音班。这些昆班后来被称为“七大内班”。扬州七大内班在戏曲史上有独特地位。它们名伶荟萃，角色俱全，剧目繁多，行头富丽，以一流的阵容、一流的表

◎五代 徐熙 玉堂富贵图

演，在扬州舞台上活跃了数十年，成为昆曲全盛时期的辉煌标志。

和浙江海盐腔、江西弋阳腔、江苏昆山腔合称中国古代四大声腔的余姚腔，更是和盐密不可分。余姚庵东盐场盛产食盐，“余姚官盐”占浙省三分之二，长江诸省盐商往来频繁，本地盐商往往带戏班从之，余姚腔于是盛行江淮南北。

还有淮剧、川剧，从那些或流莺婉转或沉郁苍凉或含蓄缠绵的戏剧唱腔里，你是否听出了咸味呢?

再往前走，是盐商和建筑展厅。徽州盐商和盐法道员鲍启运的鲍家花园、棠樾牌坊，扬州的个园、何园等，自贡的西秦会馆，运城的盐神庙等，那是何等的恢宏、气派。

华美很炫目，往往让人忽视了背后的血腥和沉重。

吟咏了“杨柳岸，晓风残月”的宋代词人柳永，有一首沉郁悲凉的《煮海歌》：

煮海之民何所苦？妇无蚕织夫无耕。
衣食之源太寥落，牢盆煮就尔输征。

年年春夏潮盈浦，潮退刮泥成岛屿。
风干日曝盐味加，始灌潮波溜成卤。

卤浓咸淡未得闲，采樵深入无穷山。
豹踪虎迹不敢避，朝阳出去夕阳还。

船载肩擎未遑歇，投入巨灶炎炎热。
晨烧暮烁堆积高，才得波涛变成雪。

自从潴卤至飞霜，无非假货充糇粮。
称入关中充微值，一缗往往十缗偿。

周而复始无休息，官租未了私租逼。
驱妻逐子课工程，虽作人形俱菜色。

煮海之民何苦辛，安得母富子不贫。
本朝一物不失所，愿广皇仁到海滨。

甲兵净洗征输辍，君有余财罢盐铁。
太平相业尔惟盐，化作夏商周时节。

这首诗，很真实地再现了盐民的苦难。和那首《雨霖铃》一样，都是柳永的真性情作品。

盐就是这么隽永，华美也是，悲凉也是；富足也是，贫寒也是；和谐也是，战争也是。

我想到了历史上那些因为盐爆发的战争。西汉时期，诸侯王刘濞招募逃亡者铸钱、煮盐，积累了大量财富后，联合其他六个诸侯国，发动了历史上有名的“七国之乱”。

黄巢，三代私盐贩子，于公元875年率盐民起义，联合另一个私盐贩子王仙芝，以“满城尽带黄金甲”的气势，于公元881年在长安称帝，自号“大齐”。

张士诚，私盐贩子，公元1353年率盐民起义，相继攻陷了泰州、高邮等地，次年称帝诚王，国号大周。

很有意思的是，爆发战争是因为盐，平复战争也是因为盐。安史之乱时，李唐财政困难，军费匮乏，颜真卿提议将河北的全部盐税充作军费，抵御安禄山的进攻，最终平定了安史之乱。

一座小城的海盐博物馆，真的是滋味俱全。其味归宗，还是咸。

在海边长大，从小不缺盐和海鲜，我尤为钟爱那些盐渍的海鲜，妈妈常常啧啧：女孩子家口味那么重，日后嫁个卖盐的吧。我虽没有嫁了卖盐的，却在心灵深处，植根了盐的情结。那些盐文化文章，便是这么漫漫腌渍出来的。

# 到天津卫去

汉沽——历史上的芦台场，张家码头，灶户的歌谣，盐滩的名字……斑窥了昔日的热闹。海河边的李叔同故居——一座盐商的宅邸，记录了尘世的繁华和方外的清寂。李叔同临终书写的四个字：悲欣交集。红尘的世态人情，尘外的云水苦行，便都在这四个字里了。历史上，天津以漕运兴起。长芦盐运使司衙门从沧州长芦镇迁至天津老城，促进了盐业的迅猛发展。史传的天津巨富“八大家”，有多家都是因盐发家。盐商某种意义上，也推进了天津文化的繁荣。

◎ 五代南唐　赵幹　江行初雪（局部）

# 一

冬日渐深了，心似乎散淡了许多，那些一直想去的地儿也疏懒了下来。翻翻日子，小雪节快到了，出去走走吧，然后折回来，守着冬雪偎着日子。

长芦二十四场必是不能一一走到，但汉沽——历史上的那个芦台场是不能错过的，那是个有味道的去处。

《史记·货殖列传》中说“幽燕有鱼盐枣之饶”。很多地名儿也和盐有关。古籍记载，隋朝时高城更名为盐山，盐山东北部，也就是长芦盐场区（含黄骅和天津），海盐业兴达。我原来一直觉得“盐山”的地名儿蹊跷，问过很多老人，都不知道它和盐到底是什么因缘，今日总算豁然。汉沽的地名儿，是因为自汉时，这里就有一条小盐河，汉沽因此得名。

来到张家码头旧址，冬日的海风如北方海边的汉子，爽直得透心透肺，咸腥的气味，恰是本色，我且受用就是了。作为天津滨海地区海盐历史最早的储存驳盐和放销中心，张家码头历经汉、唐、辽金、元、明、清，见证了汉沽区盐业发展的历史。时值淡季，四方一片沉寂，沉寂得让人忘却了时光，似是从洪荒就如此。只有那些残留的驳盐沟，无言诉说着昔日的忙碌和繁荣。

在汉沽千余年的盐业史上，张家码头占有非常重要的位置。后唐同光年间，这里是芦台场煎灶地之一。忽必烈中统五年（1264年），

◎五代南唐　赵幹　江行初雪

在汉沽、塘沽等地建立“芦台场”，后又设立“丰财场”（后称“塘沽盐场”）。元代后期，建官盐坨地存储白盐，兼煎盐生产。明末清初，汉沽在镇内储盐建坨，各滩地集盐至坨。汉沽形成可存储白盐四十五万包（约七万吨）的盐坨。那些盐，就从小盐河，运至蓟运河，再运往宝坻储存。盐为“宝”，一座座盐山为“坻”，宝坻也是盐的顺产儿。

盐，极像一个要强的母亲，人前繁华，心底却独撑了一份沉重。我想起了那些在盐滩上弓背劳作的灶户。

“盐灶户”就是设灶煎盐的盐户。长芦汉沽区自开滩晒盐至新中国成立前夕，共有民滩三百五十八副，分属于大小一百三十家灶户。同是灶户，滩地的多寡、滩质的优劣却相差悬殊，各自经营的方式方法也不尽相同。

前清秀才萧欣山曾编写了一首《十等灶户》的歌谣，很好地折射了灶户的生活：

一等灶户为灶首，给盐商当走狗，竟为自己有；

二等灶户富家翁，不愁没钱雇滩工，年年有余剩；

三等灶户当军师，卖盐的款任意支，帮喝又帮吃；

四等灶户卖“久大”（指把盐卖给塘沽久大碱厂），新盐老盐剩不下；

五等灶户跳了槽，自晒自卖自逍遥，盐商管不着；
六等灶户逞英豪，找着灶首就不饶，好似老鼠见狸猫；
七等灶户真怂蛋，找灶首不见面，趟趟白蹲店；
八等灶户怕惹祸，守着盐坨干挨饿，脚步不敢错；
九等灶户晚驳盐，天寒水浅难雇船，充公在眼前；
十等灶户卖盐滩，有几副一盘端，新老债还不完。

对盐滩，灶户也都如对待自家的孩子，往往会起上一个体现主人喜好的名字。

清道光年间，一家姓张的滩主在张家河子东同时开两副盐滩。在开滩中，张滩主雇了几辆马车为盐滩拉土、运料。有一天，一匹母马在所开的新滩上产下一小马驹，滚瓜溜圆、欢蹦乱跳。大伙都说这可能是一匹金马驹。张滩主自然高兴，就把该滩命名为“金马驹”滩。而传说中的“金马驹”吃的是“灵芝草”，于是，张滩主就把另一副滩命名为“灵芝草”滩，使二者成为当时著名的“姊妹滩”。新中国成立后，金马驹和灵芝草两副滩尚在，归属汉沽盐场四分场。1976年唐山大地震后，已大部分改成蓄水汪子。

一颗心，或苦难，或欢喜，总是无常。当内心驾驭不了那份起起落落的时候，每个人，不管是富贵还是贫贱，总会以自己的方式皈依一个神。在长芦盐区，人们供奉的是盐神——盐姥，又称圣母、圣姥。

二十四场的芦台场，就建有盐姥庙。《盐法通志》卷九十八《杂记 · 祠宇》记载：

盐姥庙，亦曰圣母庙，又曰宝神祠，在宝坻县芦台场。五代时，南北分据，幽燕之境，盐绝者岁余。忽有老姥语人曰：“此地可煮土成盐。”并传其法，遂失所在。人皆神之，因建庙曰盐姥庙。后有人新其像，越日忽报台南十里皎白如雪，约十数顷，厚积寸余，趋视之，则皆盐也。居人尽收之，有《瑞盐歌》。

传说总是太美丽，不是盐民喜欢自欺欺人，也不单纯是对一个行业神的崇拜。生活太枯寂，内心太悲凉，就需要那些温暖的色彩来调和，神灵的世界，便是那份最好的慰藉。

## 二

风渐起，树叶和时令挣扎着，不肯离开，一片一片，在空中盘旋了几圈，一个绝美的弧线后，还是回归大地了。回归了，亦安详了。

我和爱人来到了天津市河北区粮店后街的李叔同故居，我是来阅读一座盐商府邸，爱人则是奔了弘一的书法。心殊途，人同归。

故居是那种清朝北方很常见的大家院落，古朴、内敛、厚重、大气。院子分两部分，每部分都有前后院，每一个院子又是一个独立的四合院，整体格局像一个“田”字。

◎ 弘一大师　罗汉图（一）

进门是一个小花园，假山突兀嶙峋，极有骨感，上面的爬山虎零落得仅有几片红叶。小院岑寂，满地的落叶，一隅零星点缀了几朵岁末的月季花，李叔同那首《送别》曲，悠长地回旋在每一个角落：

长亭外，古道边，芳草碧连天，晚风拂柳笛声残，夕阳山外山。
天之涯，地之角，知交半零落。一壶浊酒尽余欢，今宵别梦寒。
……

◎弘一大师　罗汉图（二）

在这个节令，在李叔同家的小花园，再次听到这一首我喜欢至极的歌曲，觉得一切才是最宜。

穿过小花园，迈进后面的院落，门道里悬挂了一块“进士第”的匾额，那是李叔同的父亲李世珍的殊荣。李世珍，字筱楼，是清朝同治四年（1865年）的进士，曾任吏部文选司主事，在任时就买得盐田和盐引，辞官后便回天津老家做起了盐商和桐达钱庄生意。他平生精研阳明心学，晚年喜悦佛道禅宗，大行善事，人称“粮店后街李善人”。他曾办义塾，免费为孩子们提供教育；创备济社，抚恤贫寒孤寡；设存育所，在冬天收养乞丐。他儒释兼通，学养深厚，有浓重的悲悯情怀，这些都是青少年时期的李叔同成长的绝好滋养。书法、绘画、音乐、戏剧、篆刻、文学……风华绝世的艺术通才李叔同看破一切后决然出家，曾引得那么多不解的目光和纷纭的猜测。如果把不解的目光投射到这座被李世珍命名为“存朴堂”的李家宅邸，细细感受一下李世珍留下的气息，便会明白，从李叔同到弘一法师，原来是那么自然、轻松地行走。经历了，明白了，那个性灵又平常的李叔同，那个绚丽又平淡的李叔同，那个热烈又清凉的李叔同，遵从内心的声音，实现了一个自觉生命的完成。如果明白了这一点，尘世那些聒噪的声音，自然就变成了无言的敬重。

据说李世珍七十二岁临终时，请来高僧多人诵《金刚经》，静聆其音，且不许一人进入。只有五岁的李叔同偷偷掀帘，听到了一屋子的梵音，看到了父亲安详喜悦的面容。在李叔同故居，我见到了弘一大师圆寂时一身简素僧衣、侧身而卧的照片，那面容，亦是这般安详和喜悦。

故居意园的竹子依然青葱，叔同中西书房的陈设尚完好，他生命的气息则全部投射到四壁的书法，端庄、静好，那是多么欢喜、自在的佛心哦。忽然想起了我的那位好兄弟，精研弘一的书法博士胡庆恩，重做人，尚器识，严谨又性灵，在研究弘一的路上，他是越来越叠合了大师的生命足迹了。我真为他高兴。

李叔同出生时的故居，却不在这里，而在距此不远的粮店后街陆家竖胡同，那是一个三合院。李叔同在《忆儿时》歌词中追忆：

春秋来，岁月如流，游子伤漂泊。回忆儿时，家居嬉戏，光景宛如昨。茅屋三椽，老梅一树，树底迷藏捉。高枝啼鸟，小川游鱼，曾把闲情托。儿时欢乐，斯乐不可作。儿时欢乐，斯乐不可作。

和《送别》曲一样美丽而忧伤，这是生命的写真。李叔同临终书写了四个字：悲欣交集。红尘的世态人情，方外的云水苦行，便都在这四个字里了。

大师还有遗偈一个，一式两份，留给了夏丏尊和刘质平，内容为："君子之交，其淡如水。执象而求，咫尺千里。问余何适，廓尔亡言。华枝春满，天心月圆。"也是我的最爱。

◎弘一书法

## 三

走出李叔同故居，眼前便是天津的母亲河——海河。一座城市，得了一条河的浸润，便有灵气了，更何况大河通海，又多了大气和开阔。

天津因漕运而兴。明永乐二年十一月二十一日（1404年12月23日）正式筑城，是中国古代有确切建城时间记录的城市之一，至今已有六百多年的历史。李叔同故居的那条粮店胡同，曾是个极热闹的所在，最早是很能体现天津漕运的风貌的。至于盐业的迅猛发展，大概是清康熙十六年（1677年），长芦盐运使司衙门从沧州长芦镇迁至天津老城里鼓楼东大街开始的。史传的天津巨富“八大家”，有多家都是因盐发家的。而且盐商某种意义上，也推进了天津文化的繁荣。

清代诗人张船山称誉天津：“十里鱼盐新泽国，二分烟月小扬州。”（《船山诗草》卷四《咏怀旧游十首》）渔盐之利给天津带来了风月繁华，在这一点，天津与扬州确是颇为接近的。但无论如何，其内在意蕴，还是有一定距离的。

天津卫本为军事建制，民风剽悍，市气浮躁，民俗尚武不崇文。而那些盐商，如清顺治时的张霖，清康熙、雍正年间的查日乾、安岐，起造园林，结交名士，成为一时风气。安岐“无声争之好，惟涉古今书画名迹”，“收藏之富，甲于海内”，可以称得上是一个天津文化的建设者。北宋范宽的《雪景寒林图》，唐代书法家孙过庭的《书谱》，安岐家都有收藏。盐商收藏的风尚，在晚清“八大家”中另一位李善人——家住冰窑胡同的李春城及其后人身上遗风犹存。李家珍藏宋、元、明珍本图籍多种，是清代大藏书家之一。

盐商也推进了天津的儒学。天津儒学始于明正统间，在明、清两代，不但有文学、武学，还有商学。商学的生员即来自商、灶（盐灶）两稽查，主要来自盐商，早期也由盐商承担经费。盐商积极兴

◎北宋 范宽 溪山行旅图

学，当然不只是因为本身财力雄厚。盐，在中国始终是官营，所以官商的结合一直很紧密，盐商发迹后，第一个想法就是培养子孙走“学而优则仕”的路子。

天津第一所学校三取书院建于康熙五十八年（1719年），早期经费全部由长芦盐商支付；第二所学校问津书院，则由盐商查为义献产而设。天津河东盐索一带，原来从不讲读书习文，乾隆五十三年（1788年）举人杨一昆在此设起凤楼书社，使民风大为改观，而杨家即是盐商世家。

渐渐的，天津卫形成了一个独特的规律：正畸而优则仕，仕而优则盐。遂闲堂张家，行盐有了钱，儿孙都步入仕途；无锡华氏，北迁后，祖先业盐，后世出了内阁中书华世奎；李叔同之父李世珍，为同治进士，致仕后因办盐务成了巨富；杨一崑及其子杨恒占进士，也是先仕而盐发家的。

但是，盐商文化，是用钱堆起来的。起造园林，收藏名迹，延揽名士，大行善事……这些没有钱是办不到的。这些无形中也形成了天津“俗尚奢华”的风气。“八大家”中的盐商振德黄、长源杨、益德王、益照临张、李善人，无不以挥霍性开支而闻名津沽。

天津鼓楼东姚家也是盐商，而且姚丰年、姚承丰父子两世进士，财力不下“八大家”，但家风清正，生活简约，就没有列入“八大家”。从这一点看，盐商文化也导致了天津风俗的糜烂。诸如：聘闺女讲究“过嫁妆”，娶媳妇讲究“亮轿”，死人讲究“出大殡”……所以天津卫有“宝贵无三辈，清官不到头”的说法。

清乾隆年间，天津怪才、举人杨一崑在他的《天津论》中曾这样描写长芦盐商的形象：

第一是走盐商，走久接地方，一派纲总更气象。水晶顶，海龙裳，大轿玻璃窗儿亮，跑如飞蝗，把运司衙门上。店役八九个，围随在轿旁，黑羔马褂是家常，他的来头可想。卖的盐，任意铺张；赔累了，还须借帑帐。

再说了，盐商之于文化，大都不是单纯倾心文化艺术，主要还是附庸风雅。张霖、查莲坡皆能诗，但有几首为人传诵？清代天津也没有出现大书法家、大画家，更没有“金陵八家”“吴门四子”画派。从这个意义上看，天津盐商后裔李叔同，真正提升了一座城市的文化品位，真是给众说不一的天津人大大增了彩。

天津还有一位给这座城市大大增彩的人物——范旭东。

范旭东，生于清光绪九年（1883年）癸未，祖籍湖南湘阴，是宋代大政治家、文学家范仲淹的后裔。祖父是清正廉洁的知县，父亲是个好学不倦的读书人，母亲温恭淑慎、深娴母仪。从东京留学归国后，范旭东曾在民国临时政府任职，但他无意于仕途，决意兴办精盐场。

1913年，范旭东到了欧洲，并考察了各国的矿盐产地及沿海盐场，并多次到塘沽盐田考察，曾发誓说：“一个化学家看到这样丰富的资源而不起雄心者，非丈夫也；我死后也愿意埋在这个地方。”1914年7月，他在时任财政总长的梁启超帮助下，在天津创办了我国近代工业史上第一座食盐化工企业——久大精盐公司，从此走上了实业救国的道路，被人们称为“中国化学工业之父”。他去世后，国共两党重要领导人都纷纷致哀，表达对这位“工业先导”的敬意。

初冬的太阳滑落得早，我和爱人要离开天津了。慵懒的余晖斜斜打在人的身上。走了一天，我有些倦怠，爱人却正精神，问他原因，爱人故意扯着嗓门半开玩笑：“范旭东，提气！”

我笑了，似乎有一缕精气神儿，从脚底生发起。

# 第四章　盐运

## 烟 花 三 月 下 扬 州

烟花三月，一个江南油菜花盛开的季节，行走金陵，行走扬州，在历史深处寻幽探胜。广陵古运河、瓜洲古渡、《春江花月夜》、欧阳修的平山堂、董仲舒留下的古井、盐商黄至筠的个园……还有那说不尽的百年老店，吃不绝的历史小吃。扬州，有一路说不完的好故事。

# 相期三月

烟花三月，一个江南油菜花盛开的季节，行走金陵，行走扬州，在历史深处寻幽探胜。广陵古运河、瓜洲古渡、《春江花月夜》、欧阳修的平山堂、董仲舒留下的古井、盐商黄至筠的个园……还有那说不尽的百年老店，吃不绝的历史小吃。扬州，有一路说不完的好故事。

# 一

江南的油菜花开了，我和水乡有个三月的约定。

本来是想和鸿在杭州下车的，再从西子湖畔抵扬州的瘦西湖。可鸿的友在南京候着她，我们中途便下了车。看来扬州的访盐之旅，注定是要从历史和文化出发了。

入住金陵第一园——瞻园后面小巷深处的向日葵酒店，只为喜欢那种很灿烂很阳光的感觉。长长的小巷子，灰瓦白墙，或红或绿的枝干从墙头斜逸出来，很幽静。旁边，就是夫子庙和古秦淮河。与鸿夜游秦淮，在咸亨酒店吃臭豆腐和孔乙己的茴香豆，在朱雀桥边的乌衣巷寻找刘禹锡诗中的“旧时王谢堂前燕”，在夫子庙遗址旁的小巷找百年老店谢馥春，在南京大排档吃小吃，听苏州评弹，和鸿讲曹氏六

◎明　文嘉　江南春色图

世祖曹梅明朝万历年间在南京做户部侍郎的故事。想到我家祖坟里那个高大俊朗、文辞聪敏的曹梅爷爷，曾经在金陵为官多年，且正直、清廉，口碑甚好，蓦然对南京多了几分亲切和欢喜。

夜色已深，和鸿回归向日葵，点一炷沉香，听梵乐，听昆曲，那声音仿佛是穿越时空悠悠而来，软软地撞击着也抚慰着人的心，伴我安然入睡。

醒来，好一个明媚的日子，出发！在烟花三月，去那个因盐而富庶而风华的扬州城，赴一个三月的约定。

长江畔的扬州，古称广陵，是伴了古运河的漕运兴盛的。长江和古运河，东西南北交叉，扬州得天时地利，就在这个交叉点上，自然就成了江南粮食和盐运输的要地。两淮盐业，自古受朝廷倚重，扬州历史上的两次兴盛，都与盐有直接关系：唐代，扬州富丽繁荣；清代康乾时期，再次富丽繁荣。盐托起的扬州，在李白的“故人西辞黄鹤楼，烟花三月下扬州”中，在徐凝的“天下三分明月夜，二分无赖是扬州”中，在杜牧的“十年一觉扬州梦，赢得青楼薄幸名”中，甚至在南朝宋人殷芸的《小说》“有客相从，各言所志：或愿为扬州刺史，或愿多资财，或愿骑鹤上升。其一人曰‘腰缠十万贯，骑鹤上扬州’，欲兼三者”中，成了一个人人向往的文化符号。

一路浅丘浅春，清微淡远，像虞山派的古琴曲。沿途开满金灿灿的油菜花，是热烈的，也是柔和的。那些油菜花，和婺源的一大片还是不一样的。江南的油菜花，是带了水乡的韵味儿的，大凡天下景儿带了水韵，那味道就格外灵润，灵和润。树淡淡地绿，水轻轻地淌，田野轻轻淡淡展开，那些盛开的油菜花，就穿插在水墨烟云的江南水乡中，在仲春三月，不经意地做了乡野的主角儿。沟畔、畦边，小路的两侧，灰瓦白墙的屋子旁，金灿灿得满是。只看得我心柔了，眼润了，满心里都是浓浓淡淡的感动。若以花喻人，我更希望自己的生命如油菜花，不是荷花，不是牡丹，也不是梅花、桂花、菊花，是世俗又温暖、柔和又灿烂、明媚又实在地长在乡野里的油菜花。

在三月的江南，我邂逅了油菜花的花神。

## 二

扬州，还有我的学者好朋友。长得清清爽爽的学者，做人明明白白，做事踏踏实实，平时专于学问，闲余看看书、钓钓鱼、喝喝小酒，忙碌也充实。

白天，我和鸿沿着盐路行走，晚上，便和学者聚在一起，在江南一品吃淮扬菜，喝贡茶顾渚紫笋，聊扬州那些有关盐的旧事。

自然会聊到瓜洲渡。中国是一个诗歌的国度，但凡略有诗文，几乎没有人不知道瓜洲渡。瓜洲是长江中游流沙所积形成的，晋代始出水面，沙洲渐长，状如“瓜”字，漕运至此分为三支，亦似“瓜”，故名“瓜洲”。在古代，瓜洲是扬州的南大门，古人云：“瓜洲虽弹丸，然瞰京口（今江苏镇江），接建康（今江苏南京），际沧海，襟大江，实七省咽喉，全扬保障也；且每岁漕舟数百万，浮江而至，百州贸易迁徙之人，往返络绎，必停于是。”瓜洲作为中国唯一位于长江与大运河交汇处的古镇，得享“长江运河第一古镇”的美誉，瓜洲渡也有“千年古渡”之称。

历史上的瓜洲渡，是唐代高僧鉴真东渡日本的出发地，是杜十娘怒沉百宝箱的地方，康熙、乾隆来过这里，意大利旅游家马可·波罗来过这里，李白、白居易、王安石、陆游、张若虚来过这里。瓜洲渡，在王安石“京口瓜洲一水间，钟山只隔数重山”里，在陆游的“楼船夜雪瓜洲渡，铁马秋风大散关”里，在白居易的“汴水流，泗水流，流到瓜洲古渡头，吴山点点愁”里，代代流传，天下皆知。

特别是扬州本土诗人张若虚的那首“孤篇盖全唐”的《春江花月夜》，写的就是瓜洲古渡的景色。“江天一色无纤尘，皎皎空中孤月轮”真实描写了古瓜洲澄澈空明、清丽自然的江景，是真正的千古绝唱。

学者尚儒，他工作的地点曾在北柳巷中的董子祠遗址处，我们又

◎明 姚绶 秋山渔隐图

聊到了董仲舒，那个推行“罢黜百家，独尊儒术”的汉代大儒。董仲舒在扬州十年做江都相，清代的两淮盐运使司相传是董子故宅。其中有井，人称董井。明代运使何士英曾在井上建亭，以表示追怀董仲舒。扬州运使方港颐又在井旁筑室，名仪董轩。扬州一代又一代的后人，追随董仲舒的儒学思想，走出了一条富庶的文化之路。这条路上，有扬州本土的大儒阮元，也有我的学者朋友。顺便提一句，董仲舒是河北景县人，是鸿的乡祖。

我的性情一向随意自在，不管人在何处，心中都不失一个桃花源。就随性和朋友聊到了欧阳修。欧阳修被贬安徽滁州时写了《醉翁亭记》，里面的“醉翁之意不在酒，在乎山水之间也”是我喜欢的情怀。欧阳修再贬，就到了扬州做太守。欧阳修一直是很会享受生活的，到了扬州，他就在大明寺旁自己设计、修建了一个私家醉翁亭——平山堂，游宴之际，观瘦西湖的烟柳塔影，看遥远的长江如练，听大明寺的晨钟暮鼓和栖灵塔的铃铛声。我去平山堂时，那里却是游人寥寥，古人游宴雅集的欢声笑语，早已隐入了历史风云。大明寺内有梁思成设计的鉴真纪念馆，有“搜尽奇峰打草稿”的画僧石涛的墓，一并陪着欧阳修在历史深处孤寂。

我和学者轻轻淡淡地聊，轻轻淡淡地吃中国四大菜系之一的淮扬菜，学者问和我的家乡菜有什么不同。同是海盐产地，我的家乡菜口味偏重，一味地咸，如北方人一样直接，而淮扬菜系清淡微甜，冲淡了一份咸味儿，如江南人一样温婉。一边吃，一边聊，一切都轻轻淡淡，似乎和盐无处不相关，又似乎和盐无一处相关，那种感觉，真是妙。

## 三

翌日清晨，我和鸿与国内盐业知名专家、扬州大学的老教授黄俶成先生相约冶春，一起吃早茶。

老教授已经退休，现在是中国商业史学会副会长、中国盐业史专业委员会主任委员，这两个职务都是国务院国有资产委员会批准，民政部任命的。中国盐业史专业委员会是全国研究盐文化的最高学术机构，也是设在扬州的少有的国家级学术团体，黄俶成先生是负责人。扬州的运河文化、盐商文化和“扬州八怪”等，他是国内真正的专家。

先生还未到，我和鸿随意在院子里转悠。前一天的早上，我和鸿在问月桥畔的绿杨村茶社吃的早点——蟹黄干丝、五丁包、蟹黄蒸饺，很是好吃。相距不远处窈窕河边的新冶春茶社，是一座自然园林式茶社，灰瓦白墙的古典建筑，有水有柳，有桥有榭，一切皆搭配得很完美。冶春茶社已经有二百多年的历史了，相传始为清高宗南巡时供沿途饮茶水而始。

我和鸿走进临河水阁，择一临窗处坐下，窗外清溪翠柳，水中有红鱼数条自在。水阁西有临水曲廊，连接一水榭，那就是著名的“香影廊”，初建于清代康乾年间，是取王士祯“衣香人影太匆匆”的诗句。看窗外游客络绎，桃树疏影横斜，暗香浮动，我和鸿，如是活在诗中。

先生如约而至。落座，鸿沏了一壶老普洱，先生说他在这里吃了几十年早点了，是个老茶客。我请他点餐，先生点了干丝、三丁包、糯米烧卖、翡翠包和千层饼。先生说上等人吃文化，一边吃早点，他一边给我们讲相关历史文化，一家百年老店里的一顿早茶，吃得意蕴悠长。

饭毕，先生接着给我们讲运河文化，还说某中央大领导回扬州老家，就是先生陪着讲扬州历史的。走到河边御码头前，先生更是兴致勃发，给我们讲康熙皇帝南巡时，众盐商在东关古渡接驾，却没见到皇帝。见我发懵，先生哈哈大笑，像个调皮的孩子一样说：“康熙偷偷换乘一条小船，从这里上岸，去前面的天宁寺上香去了。所以这里叫御码头。”



我和鸿听得兴致勃勃，先生又指着御码头旁的小桥，问我：“你

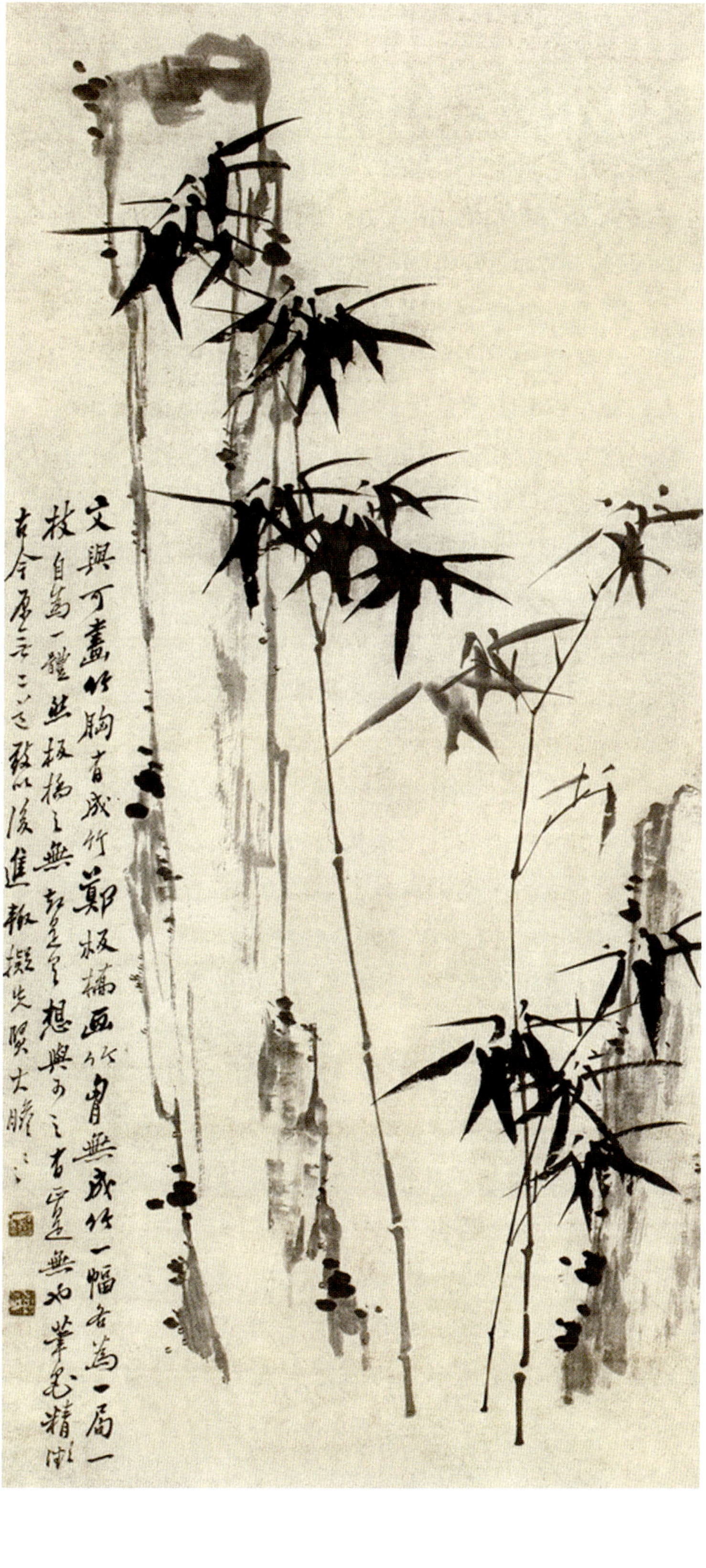

◎清　郑燮　竹

知道为什么那座桥那么瘦小吗？”我乱蒙一气，“这条护城河取名窈窕河，是不是就是因为这座桥如少女的纤纤细腰？”先生笑言那只是文学的演绎，桥设计窄小，只是因为没有那么长的木头。我乐个不停。

陪着先生慢慢溜达，一路听他讲西园，讲天宁寺，讲不远处的个园。昨日我和鸿去过个园，那是两淮盐业总会长、大盐商黄至筠的私人府邸，以竹石取胜，是扬州现存历史最悠久、保存最完好的盐商园林，与北京颐和园、承德避暑山庄和苏州拙政园并称为中国“四大名园”。

个园的名字很有意思，“个”起初的意思就是“竹一竿”，象形文字，一竿修竹，随意三片竹叶，便是一“个”。清代大才子袁枚有“月映竹成千个字，霜高梅孕一身花”的诗句，可算是深得了竹的神韵。至筠，就是一竿精美的竹子，黄至筠也以“个园”作为自己的别号，人与园合一。

园内叠石，更得园林之妙。那块体现了中国审美“透、漏、皱、瘦”的鱼骨状太湖石，是叠石的灵魂。园中有“壶天自春”的横匾，取意“不出户而壶天自春，尘马皆息”，一园中春、夏、秋、冬四季景致更迭，小小园林，如一把紫砂壶，也如主人的心胸，方寸之地，却容纳了天地乾坤。

个园是一篇好文章，一写竹子，是人格；二写叠石，是器局；三写人，是情怀。

我如此和黄俶成先生简笔勾勒我对个园的感受，先生频频点头。先生说黄至筠的二儿子黄锡麟是清代辑佚大家，辑佚了《汉学堂丛书》，扬州本土著名学者阮元赞他“勤博”。黄锡麟的妻子名为刘琴宰，是扬州有名的才女，是两淮盐运使的女儿。

扬州哦，真是一路听不完的好故事。先生说明天早晨在冶春、富春、共和春三家扬州老茶社之一的共和春茶社，请我们吃灌汤包，喝馄饨汤，尤妙！

# 古运河水流

一条古老的运河，润泽了古老的扬州文化，尤其是盐商文化。运河沿岸，镶嵌了数不尽的文化符号。瓜洲古渡、东关古渡；瘦西湖、个园、何园、汪氏小苑；盐宗庙、卢氏古宅；大盐商马曰琯、马曰璐兄弟，江春，黄至筠……运河水潺潺流淌，打开的是一幅历史长卷。其间欣赏的味道，如行走瘦西湖，轻喜浅笑，是一份轻轻浅浅的悠长。

## 一

华灯初上，是三月扬州春风沉醉的晚上，我只身从长江入口处的瓜洲古渡上船，去追怀古运河悠久的历史。

从家乡到扬州的高铁，基本上是和京杭大运河的航线一致，人在北国，我家乡的古运河，始终润泽着心中一个割不断的江南梦。

夜晚的古运河美得如仙界，灯流泻着五彩的光，白天河岸明丽的桃红柳绿隐去了，只留下了隐隐约约的剪影。是夜无月，留下了些许遗憾。古运河是扬州的魂，月亮是运河的魂。有联语说“空中月，水中月，月月有朋同赏月”，今夜一人，无朋赏月，恰好无月，似是对一份孤寂的慰藉。

沿着古运河缓缓前行，犹如行走在一条时间的河流。走过春秋，走过两汉，走过隋唐，走到了宋元明清，扬州深厚的文化底蕴就是这

◎清　石涛　淮扬洁秋图

样一点一点积淀下来的。古运河扬州段，是京杭大运河最古老的一段。公元前486年，吴王夫差开凿了邗沟，乃是它的滥觞。后来隋炀帝下令开凿连接南北的大运河，扬州就成了长江和运河交叉口的一个漕运要塞，运盐运粮，川流不息。水在五行中主财富，一条古运河，不只给扬州平添了灵性的韵致，也给扬州带来了富庶。

我一路沿盐路行走，在烟花三月到了扬州，自然是为盐商而来的，而盐商的富足又离不开古运河便利的水运。运河边的盐商文化群景区，那一座座令人叹为观止的盐商府邸和精致绝伦的私家园林，以及尘封其间的浮沉和悲欢，是我一路行走魂之所牵处。

访过自贡盐商，访过运城晋商，访过天津盐商，今日走近扬州，我也是为古运河边的盐商文化而来的。扬州盐商，在古运河边，在中国历史上，都是一个特有的文化现象。只要谈起扬州，就不能不谈到盐商；而只要谈到盐商，又不能离开扬州去谈盐商。运河哺育了扬州盐商，盐商也为扬州留下了一份极为丰厚的历史文化。

船行到东关古渡，我下了船，穿过东关古城墙遗址，再次走进了东关古巷，我喜欢死了那些散发着古朴气息的小店儿。前两天和鸿一起，在这里寻找百年老店谢馥春的根，那些脂粉气，一下子唤醒了我久违的女儿心态。古巷有一家苏州的绿竹翁店，我买了一把手绘了牡丹花的精品油纸伞，送大洼的女友，每一个北国女人，都可以有一份温婉的江南情怀。我还为自己买了大地蓝扬州经典丝绸巾，那份丝滑、柔软的情愫，会是我一生的牵系。

据说昔日乾隆下江南，就是在东关古渡上岸的，然后换乘小船去天宁寺上香，然后就去游览瘦西湖了。明天，当春日升起，我也要去瘦西湖。

## 二

三月三，是中国传统的上巳节。是《论语》中“暮春者，春服既成，冠者五六人，童子六七人，浴乎沂，风乎舞雩，咏而归”的日子，是《兰亭集序》中“暮春之初，会于会稽山阴之兰亭，修禊事也”的日子，也是杜甫《丽人行》中“三月三日天气新，长安水边多丽人”的日子。我北方的家乡，此时荠菜正肥，吃地菜，煮鸡蛋，是这一日的风俗。

江南此日，是一个微晴、微云、微风的春日，柳絮的烟花刚刚好，三月的时令刚刚好，明媚的心情刚刚好，真是一个游赏瘦西湖最好的日子。

瘦西湖景区近了，一抬眼，就看见了瘦水细柳间的大虹桥，这是“瘦西湖二十四景”之一，清人有“扬州好，第一是虹桥。杨柳绿齐三尺雨，樱桃红破一声箫，处处驻兰桡”的诗句。

过了虹桥，如国画长卷一般的瘦西湖徐徐展开了。

缓缓行走在绿柳长堤，细柳、红桃、白玉兰、开着紫色小花的二月兰，还有那些渐次绿起来的各种树木，带给人一份清清浅浅的快乐。清瘦的水湾，如灵性的古典女子。不远处游来几只野鸭子，引得游人一阵惊喜，那惊喜也是清清浅浅的。游览瘦西湖的感觉，如品千年古树茶，在一段幽静的时光里，和天地自然无声交流，细品，慢啜，轻喜，却是韵致悠长。

走着走着，湖对面的水汀处，有一大群白鹭，或翻飞竹上，或栖居枝头，一声声的清鸣是自然的乐音。驻足，心也清鸣，满满的是无言的欢喜。

走过长堤，到了瘦西湖的园中园——徐园，这是一道自然的屏风，这么含蓄了一下，景色的婉约韵致就出来了。游人大多在湖的右边，我和鸿则行走在左岸，我们的心性，都喜欢在行人寥寥处。而且，左岸有大片的树林，有各色的古木，也是我们的最爱。

云杉长出纤纤的细叶子，挺拔而秀美；银杏高大的树冠上，轻轻浅浅地长出了嫩嫩的叶片；白玉兰盛开得素淡；琼花树半托微云；还有那种不知名的树，高高大大举起一团浓云般的树冠。那绿色，就这

◎清 吴宏 松溪草堂图

么由浅入深渐次拉开了，是水墨浸染的味道。

到了五亭桥和白塔了。中国著名桥梁专家茅以升曾这样评价这座有二百多年历史的古桥：“中国最古老的桥是赵州桥，最壮美的桥是卢沟桥，最具艺术美的桥就是扬州的五亭桥。”看到白塔，我自然想到了盐商江春“一夜造塔”的故事。

相传在1784年，乾隆皇帝第六次坐船游览扬州瘦西湖，从水上看到五亭桥一带的景色，说：“只可惜少了一座白塔，不然这儿看起来和北海的琼岛春阴就像极了。”扬州盐商当即花了十万两银子，从太监那里买来了北海白塔的图样，连夜用白色的盐包堆成了一座白塔。

走到二十四桥景区了。湖水转弯处的熙春台，相传是当年扬州盐商为乾隆皇帝祝寿的地方，又称为“春台祝寿”。我和鸿坐在桥上小息，水边绿柳的婀娜配了娇媚的碧桃，有一枝紫色的海棠花从桥栏横斜水面，柳丝依依，红桃妁妁，鸟儿清鸣，水流潺潺，瘦西湖的春天怎么可以这样好！

那座秀美的桥，就是二十四桥了。这座桥，出自唐代著名诗人杜牧的诗句：

青山隐隐水迢迢，秋尽江南草未凋。
二十四桥明月夜，玉人何处教吹箫。

伫立桥头，看湖光柳色，欣赏江南内敛、婉约的美丽。红的花和绿的叶相间，浅的叶和浓的叶相间，那份层次感，让你轻喜、浅笑，淡淡地感动。花渐次，绿渐次，一路阅不尽的美，一路轻轻浅浅的新鲜，一份感动酝酿久了，眼底会有氤氲薄雾，此时望景，便是烟岚江南了。

徐徐来，缓缓归。竹林深处传来《烟花三月下扬州》的歌声：“烟花三月是折不断的柳，梦里江南是喝不完的酒，等到那孤帆远影碧空尽，才知道思念总比那西湖瘦。”心底莫名感动，莫名感动。

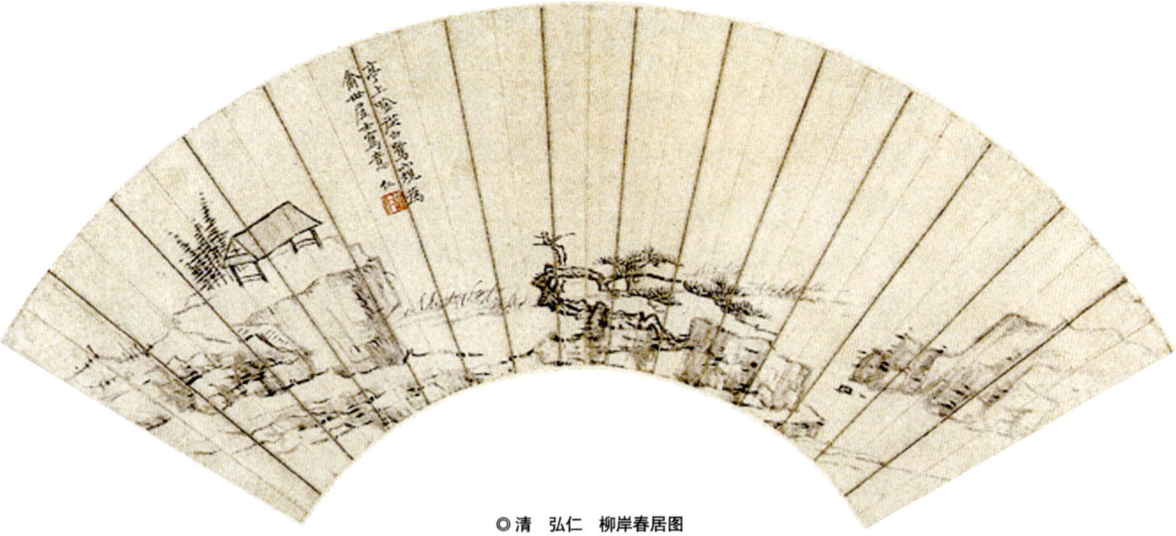

◎清　弘仁　柳岸春居图

不忍离开，徜徉在钓鱼台的小径，看水边那些紫的、黄的、红的、白的花，品水边细草微花，读瘦西湖清瘦、秀美的江南韵味儿，此时感觉自己的丰腴，竟然有清浅的罪恶感。

## 三

古运河的东南拐角处，有盐宗庙，有“一夜造塔”的盐总商江春的府邸，走出瘦西湖，我和鸿去了那里。

这是黄俶成教授推荐的去处，先生说：“寻访盐文化，那是不可错过的一处。”打车，却无人知道什么盐宗庙，问了问学者朋友，他说可能是1912处，好奇怪的名字。再问的士，却无人不知道1912，说那是高级会所云集的地儿。

终于找到了青砖青瓦的盐宗庙，虽然算是高大恢宏，却真的不起眼，且除了我和鸿，再没有第三个游人。这种感觉，正对我的口味。盐路行走，我品足了这样的口味。

鸿有些不平。她觉得一座因盐兴盛的城市，不能这么慢待盐宗。

走进祠堂，煮海的夙沙氏、推行盐铁专卖的管仲、盐运业的胶鬲，三神并祭，这在全国的盐神庙中，并不多见。凭无分别心这一点，就可原谅扬州人对盐宗的冷落。

盐宗庙是同治十二年（1873年）由两淮众盐商捐建的。老屋前后三进，为门厅、照厅、祠堂。同治十三年，曾国藩卒于两江总督和兼管两淮盐运的任上，皇上有诏，各省要建专祠，扬州就用盐宗庙改祀曾国藩，后人称为“曾公祠”。

盐宗庙旁边，就是被誉为“盐商第一楼”的卢氏古宅，始建于清光绪二十三年（1897年），整体布局为前宅后园，共有十一进，深达百余米，为扬州现存规模最大的盐商住宅建筑。据黄俶成教授介绍，这座盐商府邸，最早就是盐总商江春的府邸。

提起扬州盐商，有几个人绝对不能错过：一是东关小玲珑山馆处的马曰琯、马曰璐兄弟，作为盐商豪富，他们富而高雅，富而有道，私家藏书有“甲大江南北”之誉；一是个园主人黄至筠，他是两淮盐业总商，喜诗文善丹青，是个儒商；再一个就是“以布衣结交天子”的江春。

江春出身盐商世家，祖父江演幼年至扬州，父亲江承瑜为两淮总商之一。父亲死后，江春继为总商。江春是商人，却获得过清朝廷光禄大夫正一品衔，“内务府奉宸苑卿”，赏戴孔雀翎。他一生六次接驾乾隆南巡，先后得到过皇帝赐予的御书、福字、貂皮、荷包、珍珠、鼻烟壶、玉器、藏香等物。清朝宫廷盛宴“千叟宴”，每五十年举办一次，江春受乾隆皇帝邀请，赴京参加过乾清宫的“千叟宴”，作为两淮总商，江春得到的恩宠可以说登峰造极。在江春经营资金周转不济时，乾隆还曾先后两次借给江春五十五万两银子。

黄俶成教授说，在扬州的历史上，江春是一个很重要的人物——富而爱交名士，和战国时的孟尝君一样。江春是盐商，却热心文化、教育事业。他把积累的资金用于修建园林、诗词雅集、发展京剧等，

◎明　李士达　高堂称庆图

这样的儒家风范，令人仰止。

我和鸿一路参观府邸，一路讲江春的故事。从外表看，古宅青砖黛瓦，与一般住宅无异，但置身其中，却感觉一种“藏富不露”的恢宏之气扑面而来。累了，我们就坐在盐商府邸的大门口，喁喁说些女儿私语，用小女子情怀，稀释一下高屋深院的霸气。庭院深深，却也是游人寥寥。府邸房间，大多做了会所的宴席，不知是幸，还是不幸。

出门，是长长的小巷，青瓦青砖，细而幽深。撑起新买的油纸伞，心里却怎么也找不到戴望舒笔下那个丁香一样结着愁怨的姑娘。许是一路的古运河水，冲淡了一路渐浓的心绪和时光。

# 一路芬芳

扬州盐商，盛行养士之风。文学、书画、戏曲等，都随之在盐商的园林中朵朵盛开。那些园林、那些府邸、那些古寺、那些名士，还有那些文学、书画、戏曲等艺术，以及那些说不尽的历史故事，就是年复一年在扬州的春天里盛开的桃花、琼花、玉兰花、油菜花……伴了我，伴了中华，一路芬芳。

## 一

在金陵寻找《红楼梦》，着实费了些工夫。曹雪芹纪念馆在乌龙潭公园处，那只是一个很不起眼的街心公园。南京的名胜古迹实在太多，曹雪芹被冷落也算正常。

曹雪芹祖籍河北，他在南京的纪念馆，只是几个标志性符号。一个太虚幻境，一座高大的塑像，一块石头记，却是一个不可复制更无法逾越的永恒的文化符号。

我是特意奔了曹雪芹来的，为了他和他的《红楼梦》里那些和扬州和盐分不开的元素。

康熙四十二年（1703年），曹雪芹的祖父曹寅奉旨兼任两淮巡盐御史，与苏州织造李煦轮管两淮盐政。自此始，曹家就和扬州有了直接的关系。曹寅的工作重点也由织造转向盐差，活动中心由金陵移向扬州。曹寅在扬州署理两淮盐政的那几年，正是曹氏家族的鼎盛时

◎清　郎世宁　乾隆岁朝行乐图

期。康熙六次南巡，曹寅四次接驾。康熙第五次南巡，曹寅既以江宁织造身份在金陵接驾，又以巡盐御史的身份到扬州接驾。

迎接康熙皇帝南巡，为皇帝建造行宫，都是花的自家银两，这就为曹家的急速衰败留下了祸根。等到曹雪芹出生之时，曹家已经比较破败了。在《红楼梦》中，那些繁花似锦、锦衣玉食的大家族景象，大多是曹寅在扬州时的鼎盛旧梦。所以有人说：一部《红楼梦》，就是一个大家族的扬州旧梦。除了接驾，曹寅还召集书手、工匠，在扬州的天宁寺刊刻了《全唐诗》。

“扬州旧梦已觉醒”，这是曹雪芹的好友敦诚《寄怀曹雪芹》的诗句，很简明地道出了曹雪芹和扬州的渊源。

曹雪芹的《红楼梦》中，第二回“贾夫人仙逝扬州城”，第十四回“林如海捐馆扬州城”，都提到了扬州。扬州在曹雪芹笔下随处可见。贾雨村游扬州“智通寺”，巧遇冷子兴；贾宝玉给林黛玉讲述扬州黛子山林洞里的耗子精；薛宝琴的广陵怀古……特别是林黛玉，生在苏州，长在扬州，她从扬州古运河登舟，被贾雨村送到京都贾府，后来又曾奔父丧被贾琏送到扬州，她的父亲林如海和母亲贾敏均卒于扬州。黛玉可谓来也扬州，去也扬州，至今，文昌阁附近的小巷里，还隐藏着一个林黛玉故居。回归故土，不再寄人篱下，这算是后人给予黛玉的一份怜惜好情怀吧。

中国古代有名的几本书——《红楼梦》《水浒传》《儒林外史》《镜花缘》等的创作，都与淮盐精神渊源尤深。

据文史学家考证，《水浒传》中的梁山泊农民起义军，其实写的是元朝发生于江苏白驹盐场的盐民起义。宋江的原型是盐民张士诚，军师吴用的原型是张士诚的军师卞元亨，《水浒传》的作者施耐庵是张士诚军中的一位幕僚，白驹盐场是古淮盐的一个产盐重镇。施耐庵的淮盐生涯在《水浒传》描绘的许多场景中时有流露，堪称淮盐的一部传奇。

再说《儒林外史》，吴敬梓曾和两淮盐商中堪为儒商俊彦之一的程晋芳交往甚密，这为他笔下的盐商生活提供了生动的素材。《儒林外史》中笔墨较多的徽籍万雪斋、宋为富两大盐典富商的私家园林，一定程度反映了清初以来至乾隆几下江南时扬州山林或庭园的胜景。

万家宅园有小桥流水和“高高低低许多楼阁”，“那塘沿略窄，一路栽着十几棵柳树”，“一路的朱红栏杆”，进去“三间花厅，隔子中间，悬着斑竹帘”，里面摆的都是水磨楠木桌椅，陈设极其富丽华美。

作者对宋家宅园更有深邃曲折、具体入微的描叙：

厅背后左边，一个小圭门里进去，三间楠木厅，一个大院落，堆满了太湖石的山子。沿着那山石走到左边一条小巷，串入一个花园内。竹树交加，亭台轩敞，一个极宽的金鱼池，池子旁边，都是朱红栏杆，夹着一带走廊，走到廊尽头处，一个小小月洞，四扇金漆门。走将进去，便是三间屋，一间做房铺设的齐齐整整，独自一个院落。

吴敬梓用很经济的笔墨，生动描绘了盐商住宅园林的特色与造园艺术，可谓精彩至极。

## 二

在南京博物院，我和鸿、鸿的好友婷婷一起，看历史，看文化，看佛像，一看就是多半天。从历史深处走出，我有些隔世的恍惚，抬头看路边的梧桐老树，老筋老骨老姿态，却年复一年在春天里年轻。

在那里，我邂逅了“扬州八怪”，还有“吴门四子”“金陵八家”“南田画派”。一到扬州，我和鸿就到文昌阁附近的老巷子里，参观扬州八怪纪念馆去了。

那条古巷，青石青砖的墙壁，有些斑驳参差，墙缝里长出不知名的野花，肥肥的绿叶子、淡粉色的小花，枯和秀，古朴和清鲜，蛮有

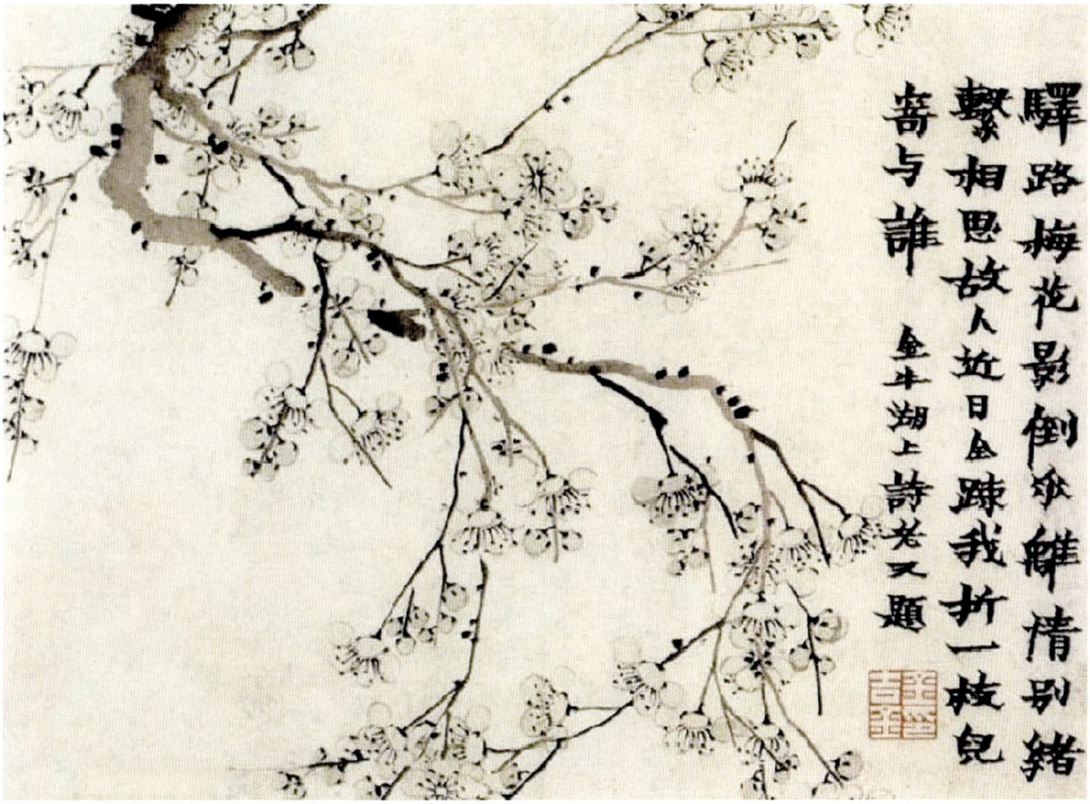


◎清 金农 梅花图

味道。小巷一侧，有一棵千年唐槐，半圈斑驳的老树皮，支撑着一个大树冠，据说这就是“南柯一梦”的南柯。在我的家乡，黄河入海古道旁的旧城遗址，也有一棵这样的千年古槐，也有一个古寺老僧长虫精的故事。北国和江南的两棵古槐，似是兄弟树。古槐是精灵，大都有些迷离的故事在。

扬州八怪纪念馆，亦是游人寥寥。扬州盐商盛行养士之风，文人学士得其滋养，大多枝繁叶茂。纪念馆除了“扬州八怪”栩栩如生的塑像群，整个就是一个书、画、印的世界。院子中间有一棵七百五十年的银杏树，我和鸿都喜欢至极。一所老院子，有一棵老树在，就如同家里有一个老祖宗，真是宅院的福祉。

走进一隅的金农寓居处，这是金农七十岁以后写景、画佛像的去处，他晚年自称“如来最小弟子”，在诵读经书中往生，也算是最好的归宿了。纪念馆内还有一幅清代画僧石涛的书法作品。我在大明寺参拜过石涛墓冢。石涛主张“借古以开今”“我用我法”，和“搜尽奇峰打草稿”等，在中国画史上具有十分重要的意义，也深深影响了“扬州八怪”的艺术风格。扬州审美的喜新尚奇、张扬个性，导致“扬州八怪”在一定意义上疏离了正统派，继承了从明代青藤到清初八大山人、石涛发展的个性化传统。

个性，就是生命个体率性、灵性的自然流动，那是生命的本源，鲜活生动，当然会有很蓬勃的生命力。

“扬州八怪”个性张扬、雅俗共赏的艺术魅力是离不开盐商养士的大背景的。

艺术的世界，是一个灵性的世界，也是一个清苦的世界。“扬州八怪”大多清高，但清高是饱不了肚子的。汪士慎“乞米难盈瓮，担书竟满车”。黄慎“匣有千金砚，囊无一酒钱”。李方膺常饥寒交迫，其《冰花雪蕊图》说：“十日厨烟断未炊，古梅几笔便舒眉。冰花雪蕊家常饭，满肚春风总不饥。”在现实面前，“扬州八怪”只能在艺术和吃饭之间折中——卖字鬻画。郑板桥是“扬州八怪”的代表人物，做过小县令，诗书画三绝，善兰竹石，也只能将艺术品明码标价，“聊凭卖画佐朝餐”。

“扬州八怪”的另一个重要人物金农，也画过竹，由于他书法的功底很厚，所以他手中之竹非常古朴厚重，曾成为扬州人追随的对象，也曾把艺术品“和葱和蒜卖街头”。“扬州八怪”的作品，还是很受盐商欢迎的，卖字鬻画所得，“笔租墨税，岁获千金，少亦数百金”。在当时，一个从三品的盐运使，除去禄米之外，年俸银也不过一百三十两；宫廷书画家在食住之外，年俸银最多者也不过一百二十三十两。可见，十八世纪的“扬州八怪”，虽说远远不及盐商大贾，其收入还是很可观的。

盐商养士，不只是收藏字画，还有很多经济资助。从盐商那里得到馈赠，也是“扬州八怪”的生活来源之一。郑板桥有一位叫程子剑的盐商朋友，在一次旅途中看到郑板桥写的一副对联，心下喜欢，于

◎清　汪士慎　梅花图

是到扬州拜访郑板桥。不巧郑板桥去了京城，一年后才回到扬州，得以和程子剑相见。程子剑看板桥落魄，于是赠送一千两银子给他，从而彻底改变了郑板桥的生活，得以娶了饶五姑娘。郑板桥曾有文写道："余江湖落拓数十年，惟程三子剑奉千金为寿，一洗穷愁。"

自古至今，都沿袭着一条"经济搭台，艺术唱戏"的路子，"扬州八怪"和盐商大贾之间，也在路上。金农曾多次为江春作画，乾隆二十四年（1759年），他画了《梅花图》赠江春，这幅画风格柔美，是一幅十分精美的作品，现藏美国弗利尔美术馆。金农的题款也是很婉约的风格：

玉女窗中，有人同梦，梦在水边林下。此余五年前为华亭沈君沃田画梅花帐子题句也。时沈君方纳姬金屋，有诗纪事，朋侪多艳称之，今余又用妆台胭脂螺黛写此小幅，将欲以赠明珠十斛之人耶。

还有郑板桥、李鱓等人赠送的字画，多为珍品。

盐商还赞助"八怪"刊印著作。过去文人要出书，雕版印刷的费用很高，"八怪"常因资金不足而无法刊印。金农的《画竹题记》即由徽州籍大盐商江春镂版行世。他在《冬心画竹题记》序中充满了感激之情。汪士慎的《巢林集》，由马氏小玲珑山馆刻。

在北京国子监览胜，我曾经震撼于那里的"十三经"碑林。那就是曾书"淮东第一观"（后刻于扬州大明寺东院墙上）的书法家蒋衡，在蕃妖观写儒家十三部经典著作八十余万字，历时十二年，为两淮盐运使卢见曾所激赏，再由马曰璐费数千金为之装潢成册，后经总督高斌进呈乾隆帝。乾隆赐蒋衡任国子监学正，并命刊石立于学宫，镌刻在一百九十座石碑上，成了今天的"十三经"碑林，谓《太学石经》。

盐商养士，士子的回报也是很丰厚的，不只是抬高盐商的艺术品位，不只是教授盐商子弟，还会为盐商适时解围，挽回面子。

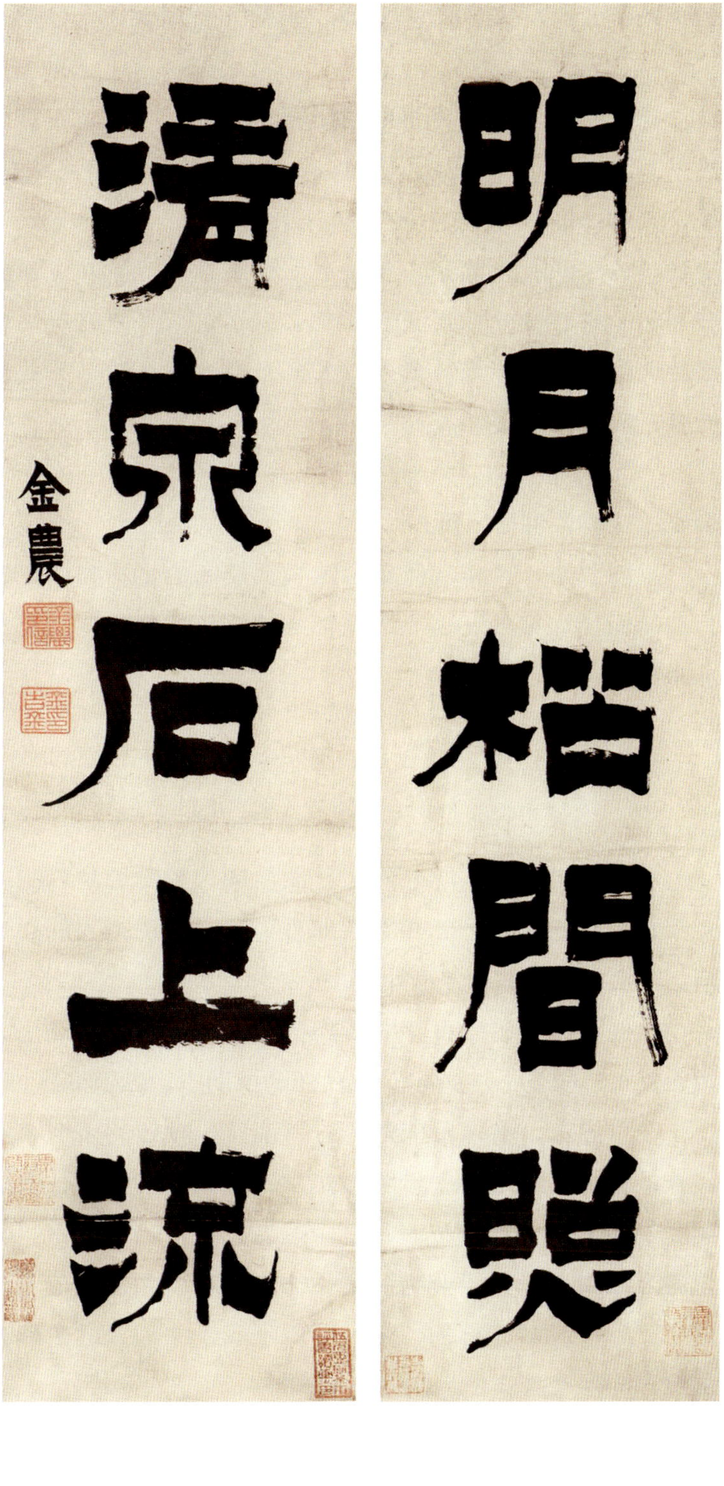


◎清 金农 书法

关于金农，《雨窗消意录》中有这样的记述：

诸盐商慕其名，竞相延致。一日，有某商宴客平山堂，金首座。席间以古人诗名“飞红”为觞政，次至某商，苦思未得。众客将议罚，商曰：“得之矣：柳絮飞来片片红。”一座哗然，笑其杜撰。金独曰：“此元人咏平山堂诗也，引用綦切。”众请其全篇。金诵之曰：“廿四桥边廿四风，凭栏犹忆旧江东。夕阳返照桃花渡，柳絮飞来片片红。”众皆服其博洽。其实乃金口占此诗，为盐商解围耳。商大喜，越日以千金馈之。

金农的博学，可见一斑。

太阳西斜，扬州八怪纪念馆马上要闭馆了。和鸿走到出口，我又只身折回金农寓处，再品那些拙拙的字、憨憨的画。艺术家的情怀，从来都是这样的本真。

## 三

一路行走，我和鸿是伴了昆曲名段《游园惊梦》的。梅兰芳那一句唱白“不到园林，怎知春色如许”，一下子把我的心带到了水墨江南。在江南听昆曲，是有水韵的。

昆曲，经过了六百年的百转千回，在苏州昆山诞生，到了康乾盛世，在第二故乡——扬州，在盐商的推动下，达到鼎盛。

在世界上，很多民族都有一种高雅、精致的表演艺术，传递那个民族的精神与心声——希腊的悲剧、意大利的歌剧、俄国的芭蕾舞、英国的莎士比亚戏剧。而我们中国有昆曲，这是联合国教科文组织全票通过的第一批世界非物质文化遗产。这个文化的瑰宝，一度被我们遗忘了；一起被遗忘的，是一种曾经属于中国人的生活方式，一种精神世界的满足与安宁。

我的家乡，自古出燕赵悲歌之士，家乡的地方戏河北梆子，一张口便是慷慨悲凉，那调子，如黄土地的秦腔一样，是从心底吼出来的。

而昆曲，是酿出来的。江南水乡的背景、精致的园林、柔婉的情怀、一唱三叹的韵致、水灵圆润的水磨腔、如唐诗宋词一样的唱词，这样的昆曲，只能是酿出来的。只是我们的生活太匆匆，早已失却了一份精磨细雕、缓缓品味的心情。

在扬州的私人园林里，盐商蓄养的戏班有二十个，单是江春一家，就养了几个戏班。盐商江春是品位极高的戏曲鉴赏家，他酷爱戏曲，也广交天下名士。雅集时，他们不仅吟诗、品画，还喜欢看戏。江春的园林里几乎每天都有三四个戏班分台演出，往往不同的剧种、不同的剧目、不同的声腔的戏同时演唱。盐商给予杰出演员的报酬也是很高的，名旦魏长生演戏一出获赠白银一千两。演戏、创作新剧，费用都极为高昂。演唱一出新创作的《桃花扇》需十六万两银子，演出一出《长生殿》则要花四十万两银子。

扬州盐商喜爱的昆曲，作为朝廷的正乐，也难逃盛极必衰的自然规律，管弦悠扬伴随着吴音呢喃，演绎着“私订终身后花园，落难才子中状元”的老套情节，即便是宫廷之内的王公贵胄，也开始有了审美疲劳。在市井舞台，昆曲的这份疲软早已展现。史书记载，徽班进京前，京城百姓即已“闻昆曲轰然而散”，而随着徽班进京，一种新的剧种——京剧，应运而生了。

中国历朝历代，唱戏大概是最寻常不过的喜庆方式。世界戏剧史上存在着三种最古老的戏剧文化：希腊悲喜剧、印度梵剧和中国戏曲。希腊和印度的古老戏剧，只在历史中留下了隐约的背影，唯有中国传统的戏曲，一直走到了今天。

1790年，弘历八十大寿，北京自西华门到西直门外高梁桥，每隔数十步一个戏台，南腔北调，群戏荟萃。乾隆皇帝知道扬州戏班多，而且闻名，于是他下旨调徽班进京演出。盐商江春依旨物色著名演员

◎唐　宫乐图

高朗亭率徽剧“三庆班”进京。

当时，安庆人高朗亭三十岁，擅长二黄腔，男人扮演花旦，一颦一笑，神情入化，具有浓郁的生活气息，深受北京人的欢迎。三庆班在北京名声大振，继而引来“启秀”“霓翠”“三和”徽班相继进京。与“三庆”一样具有名气的戏班还有“四喜”“春台”“和春”，时称“四大徽班进京”。

四大徽班原唱徽调，经在扬州盐商家多年演出，广征博采，诸腔并奏，吸取了昆腔、四平调、梆子腔、秦腔的演唱与表演艺术。它在剧目内容、锣鼓乐奏方面吸收了诸家之长。随着京腔、秦腔、昆腔的演员不断搭入徽班，湖北汉调进京，徽、汉合流，融汇五方之音，形成了以皮黄为主，其他曲腔兼唱的京剧。自此，京剧很快传遍了大江南北。

一般说来，南方的戏唱腔柔婉，内容偏于情爱；北方的戏，唱腔高昂，内容偏于攻关夺隘。京剧强调正风俗，兼有南北戏的优点，具有调和之美。和，永远是中华文化的核心。

自昆曲之后，在2010年，北京城一个寻常的日子，联合国教科文组织“人类非物质文化遗产”的名单上，多了一种古老戏曲的名字——京剧。作为国粹，一旦写入“遗产”，我想每一个中国人的心中，都会五味杂陈。

就要离开扬州了，我最后一次来到了古运河边，行走在桃红柳绿中，看杨柳依依，看流水潺潺，也用心掂量着扬州的盐商文化。蓦然感觉，那些园林、那些府邸、那些古寺、那些名士，还有那些文学、书画、戏曲等艺术，以及那些说不尽的历史故事，就是年复一年在春天里盛开的桃花、琼花、玉兰花、油菜花……伴了我，伴了中华，一路芬芳。

# 无梦到徽州

扬州盐商，大多是徽商。“前世不修，生在徽州；十三四岁，往外一丢。”徽州的青山秀水留不住经商的脚步，耕地的稀少逼着徽州人走进了更为开阔的天空。徽骆驼精神，“无徽不成镇”，辛酸处也是欢喜地，无奈时亦是自强时，发迹后的徽商，回乡盖屋子，建祠堂，办私学……古徽州名人辈出，文化生机勃发。一条新安江，滋养了新安理学、新安医学、新安画派，徽州朴学、徽州篆刻和版画、徽剧、徽菜，以及徽派盆景、文房四宝等。徽州文化，折射的也是中国的儒、释、道文化。

## 一

荷月，是入伏的日子，心中却有清凉。我和爱人踏上了去徽州的路。

徽州是我盐路行走的最后一站，也是喜欢书法的爱人一个文房四宝的梦。一路偕行，梦归一梦，无非都是文化。徽州文化，是中华文化独具魅力的一个缩影。

文化是一种历史现象，徽州文化亦然。东汉、西晋、唐末、北宋，历史上四次北方强宗大族的南迁，特别是宋朝南渡后，北方的大族十有八九迁至了江南，使得中原文化和土著山越文化融合，产生了徽州文化。明清时期徽州文化达到了鼎盛，在历史上独领风骚八百年之久。可以说，大迁徙是徽州文化的温床。

一路旖旎，江南的青山绿水润泽了心底的生机和灵动，我和爱人心情大好。住进了黄山市的一家宾馆，小憩片刻，我们直奔中国徽州文化博物馆。

博物馆是徽州文化的袖珍版，位于黄山市郊，建筑古典大气，草木青葱如洗，小桥流水的江南韵致，周围有平缓的龙山环绕，是又一个天人合一。

烟花三月，我在扬州的大运河畔寻访盐文化，发现了一个很有意思的现象：扬州大盐商，诸如江春、马氏二兄弟、程晋芳、鲍志道、鲍漱芳……竟然都是徽商。穿行在扬州盐商的府邸、园林，我的视线总会经意不经意地投向远方的徽州——那个青山秀水的所在。

徽州青山秀水，耕地却甚少，在那个农耕文明的时代，出外经商，便是很多徽州人唯一的出路。“前世不修，生在徽州；十三四岁，往外一丢。”这一首徽州的民谣，道出了徽州人的无奈、隐忍和自立、好强。“徽俗十三在邑，十七在天下。”十三岁出门经商的徽州男子，开始只是在周边的城市里闯荡，等到了十七岁，他们的足迹已经遍及天下。

“中国有句话，叫‘无徽不成镇’。那就是说，一个地方如果没有徽州人，那这个地方就只是个村落。徽州人住进来了，他们

◎明　沈贞　竹炉山房图（局部）

就开始成立店铺；然后逐渐扩张，就把个小村落变成个小市镇了。”同样是徽州人的胡适先生，曾这样解释“无徽不成镇”。

山越的刚勇好强和士族的尚气重礼，大山的封闭和江水的开放，造就了徽州人刚毅而文雅、张扬又内敛的精神气质。“徽骆驼”，已经成了徽商的代名词。

那些徽州商人，顺着新安江把黄山的木材和茶叶贩运到长江中下游的市镇，他们到扬州贩盐，把当铺从江南开到京城。徽商鼎盛时期，商人们在钱塘江畔弃舟登岸的地方被称为“徽州塘”。汉口原是一片芦苇滩，因为徽商的经营，到明末崛起成一座初具规模的市镇，到清朝，已经成为“九省通衢”和吴楚贸易的重镇。《红楼梦》里称为红尘里“第一等温柔富贵之乡”的苏州，在太平天国战争之前，其商业主要是徽州商人在支撑……

徽州商人主要经营的是盐，茶、木、典都在其次。

离开徽州文化博物馆时，正是华灯初上，我和爱人拐进了屯溪江畔那条有名的老街。那条青石板路的老街上，行人熙熙攘攘，两侧的徽派建筑，很婉约地诉说着徽商的历史。店铺里经营着茶叶、文房四宝、各色徽式点心，还有木雕、丝绸等。在这条商业街上，散发着浓郁的文化气息。

我和爱人都很受用，他看他的歙砚徽墨，我吃我的徽州点心，然后一起在茶店蹭祁门红茶喝；然后到老街头的三江汇合口，看徽州老桥，听江水滔滔，在远方的灯火明灭中，延续着古徽州的梦。夜深回住处，一夜无梦。

## 二

清晨醒来，是七月徽州难得的晴天，我和爱人决定去歙县——那个徽州的古府治看看。任何一个地方，一旦带了古字，我们都会沉湎不已，更何况那里是古徽州。

路过棠樾古村路口，我和爱人临时下车，想先去看看棠樾有名的牌坊群。

一路清凉的风，棠樾古村有迷人的田园风光。稻田的禾苗一根一根清洗过一般，绿得如活泼、生机的禅。路边的荷塘里，荷叶亭亭如盖，荷花未老，浅嫩的莲蓬说着荷花的一帘清梦。畦畔，有农人正在清洗刚采的嫩藕。那些藕，洁白、光滑得如婴儿的胳膊。

棠樾古村入口，有一个文化影壁墙，书写了明代戏剧家汤显祖的两句诗："一生痴绝处，无梦到徽州。"我愣愣地看了半天，似有千言万语，脑子里却什么都没有。

牌坊群在村头，我没有急于走近它，而是拐进了和牌坊群相邻的清懿堂。这是全国唯一的女祠，建于清代嘉庆年间，是棠樾村大盐商鲍氏二十四世祖鲍启运创建的，为的纪念站在徽商背后的那些徽州女人。那些徽州女人，为在外打拼的男人们在家乡支撑起了另一片天，持家，教子，伺候公婆，夜晚枕着孤寂入睡。她们没有自己的名字，都是鲍氏，后人记住的只有她们的清懿，清白而美好。

鲍启运，是扬州的盐法道员，正四品，他八岁失母，由兄长鲍志道妻汪氏抚养成人。鲍启运行笃孝友，更为思念母亲，为了以示对祖妣的恭敬，创建了女祠。有别于男祠，女祠坐南朝北，按照《易经》"男乾女坤，阴阳相悖"的原理设计，三进。一进门厅外，有极精致的八字墙，满饰砖雕，被誉为"徽州之最"。清懿堂内有一块"贞烈两全"的牌匾，是曾国藩所书。我理解的清懿堂，不只是一个女人的清白和美好，更是一个母亲的温暖和幸福。

女祠旁边的鲍氏男祠，叫敦本堂，后经由两淮盐运总商鲍志道和儿子鲍漱芳捐私财重修扩建，堪称美轮美奂。享堂中悬"敦本堂"横匾，是清代大家王文治手笔。后金柱间有十四扇刻漆大屏门，上镌邓石如擘窠大字隶书《鲍氏五伦述》，享堂后厅有嘉庆圣谕三道碑一座，内容有关鲍氏经营盐运史实，是清代盐法史的重要见证。

清懿堂、敦本堂，一阴一阳，见证了一个盐商家族的兴衰。那七

◎清　冷枚　仕女图

座牌坊，自明至清，却在天地间立下了忠、孝、节、义的永恒丰碑。我和爱人在牌坊群中缓缓行走，青葱的龙山下，村口的稻田旁，在天和地之间，棠樾牌坊群不动声色地在岁月里伟岸着，平常的村居日子，一个家族的灵魂穿透了历史。

最后一座牌坊尽头，是一条乡间小路，一头老水牛趴在稻田边反刍，两名清洁工在清扫，其中一名说自己是棠樾村鲍家的媳妇儿，我立马肃然起敬。

从明代走到清代，转身，又从清代走回明代，鲍灿孝行坊、慈孝里坊、鲍文龄妻汪氏节孝坊、乐善好施坊、鲍文渊继妻吴氏节孝坊、鲍逢昌孝子坊、鲍象贤尚书坊，穿行在七座牌坊中，和每一座牌坊的故事一路回应着，不知不觉，走进了古棠樾村。

鲍氏家族，大多在扬州经商，大多是盐商。经商发迹，便回乡盖屋子，修祠堂，办私学。儒而好贾，亦儒亦商，一直是徽商的特色。所以，徽商从来也不是土豪，他们自身的文化底蕴，很让人敬仰。

穿行在那些古老的弄巷，看清代盐法道员鲍启运故居存养山房以及有名的欣所遇斋，看两淮盐运总商鲍志道的故居保艾堂，看两淮盐运使司鲍漱芳的书房安素轩，看鲍家五代同堂的民居。爱人一路感慨：衣锦还乡，叶落归根，是自古至今每一个男人的期盼和归宿；其实更为重要的是，当自己也成了后人的根后，能给予后人什么样的滋养。爱人说的当然不是那些老屋，我懂。

棠樾牌坊群不远处的鲍家花园当然是要去的，鲍启运的这个私家花园，据说是中国最大的私家花园。走进去，果然比扬州、苏州那些园林舒展、大气，那些奇异而美丽的徽派盆景，在白墙、灰瓦的背景下别有韵味儿，是中国山水画的味道。

## 三

歙县古城，在古府治的旁边，也有一个很有名气的牌坊建筑——

许国大学士坊。牌坊是国内绝无仅有的八角牌坊格局，许国生前所立，江南才子董其昌为匾额题字，这些殊荣，让许国这个明代内阁重臣，成为歙县人的骄傲。

古城的老巷子，保留下来的并不多，穿行其间，不经意却会遇见惊喜，古井，老宅，深巷，私塾里的桂花树，老屋后墙上厚厚的苍苔，黄宾虹、陶行知的纪念馆……每一个都值得细品。天公也怜我，此时下起了蒙蒙细雨，打湿了逼仄古巷的青石板，再看那些斑驳的老墙，因为有了水韵，灰白间，是山水画的氤氲。灰白墙上的那些苍苔，在雨中活了，俨然就是一幅青绿山水画。那润泽了的古巷、老墙，极有韵味儿，我和爱人，唯有无言感动。闻章老师说：感，就是用心了。一感心就动了，心就活了，也会有很多美好回应你，那就是感应。

在徽州，天和人的感应，产生了美妙的建筑，宏村、西递，那些古老的村落，可都是世界非物质文化遗产。

徽派建筑的特点，就是白墙、黛瓦、马头墙，高墙、小窗、天井，美则美矣，从外面看上去也算朴素、平常，一旦走进去，别说那些精美的木雕、砖雕、石雕，单是那些堂号、匾额、楹联，就足以让你掂得出徽州文化的分量。

去宏村，一路上看着山水间的那些徽派民居，我从审美的角度格外赞叹古人了。徽州的青山绿水间，最适宜也最诗意的民居，只能是简单、大气又丰富、内敛的灰和白。《诗经》里有“巧笑倩兮，美目盼兮，素以为绚兮”的诗句，在这青山绿水间，尤其能感受以素为绚的美妙之处。

而那灰色，是最大气最包容的颜色，由白而灰，再过渡到青山绿水，就如同水墨画的浸润效果，那么自然，又那么和谐，正是古人追求的天人合一。

到了宏村，写生的真是多，也难怪，宏村的建筑，从任何一个角度看，都可入画。我不是画家，也是最宜，那些自然的山水，是永恒

◎清　邹喆　云峦水村图

活着的画，且可随时令变幻，油菜花里的古村落，青葱山水里的古村落，红枫黄叶里的古村落，薄薄白雪里的古村落，都是画，都可以收藏在心里。

天人合一，就是道，宏村古村落，落在了道上，有天地滋养着。风水不神秘，无非道；道不远人，只需要顺应。宏村的意义，不只在于欣赏，更是为的让我们明道。

“街巷又深又窄，阳光射不进去，但可以看到明朗的天空。石板路蜿蜒曲折，黑瓦墙顶高低起伏，形态端庄……穿过饰有精巧砖刻门罩的大门，进入室内，令人吃惊的是，从上面射入的明亮幽静的光线，洒满了整个空间。人似乎在这个空间里消失了。站在这里仰视，四周是房檐，天只有一长条，一种与外界隔绝的静寂弥漫其中。”一位日本建筑学者曾这样描述古徽州的民居，他似乎比一些中国人更懂。

在潺潺流水里，在古老小巷里，看民居，看祠堂，看南湖书院，看流水里的徽派建筑美丽的倒影。青山常在，绿水长流，源远流长里，留住的无非是仁厚和灵动，所谓的“仁者乐山，智者乐水”，仁厚了，就有根；灵动了，就会活，一个人、一座古村落，乃至一个民族，无不亦然。

◎清　王翚　渔庄秋霁图

爱人总是喜欢寻源，宏村先引水后建村，他果然找到了那个源头。青山脚下，一条宽阔的溪流如瀑布一样潺湲淌下，水声和清澈，都醉人。

爱人说不尽兴，第二天又去看易经村呈坎，去看潜口古民居，爱人说还是不尽兴，我笑了。徽派建筑，是茶不是酒。酒醉了，方可尽兴；而茶，特别是古树茶，永远是变化的，没有尽头。品饮的过程，就是一路未知，和欣遇的喜悦。徽州建筑，就是一杯有了岁月的古树茶，永远古老，也永远年轻，意蕴悠长。

## 四

徽商推动的当然不仅仅是古村落和民居，崇尚天人合一、聚族而居，遵从儒家文化，徽商更带动了古徽州教育、艺术等的繁荣。一条新安江，滋养了新安理学、新安医学、新安画派，徽州朴学、徽州篆刻和版画、徽剧、徽菜，以及徽派盆景、文房四宝等。徽州文化，折射的也是中国的儒、释、道文化。

我和爱人都从事教育，自然关注那些或隐或显的教育元素。古徽州，聚族而居的古村落、牌坊、家族祠堂，无一不着了很浓郁的儒家文化的痕迹。那些散落于民居中的家塾、私塾和书院，都是徽州文化的大背景。

几年前，我和爱人曾历时一周，在齐鲁大地上寻访过孔子讲学的足迹，如今，又踏上了古徽州程朱理学的热土，那些文化的印迹，自然不想错过。包括那个被称为“程朱故里”“东南邹鲁”的篁墩，虽然仅有一个简陋的展室，我们也没有错过。

历史上的古徽州，名士云集，受北宋儒子讲私学居多影响，南宋时书院极盛，学风蔚然。也就在此时，古徽州产生了影响中国近千年的程朱理学。也诞生了几位有名的大学问家、大教育家：朱熹、戴震、胡适、陶行知。这几个名字，任何一个都是时代丰碑。徽州实在

◎黄宾虹　山水图

是奢侈得可以。

歙县的陶行知纪念馆，有一座巨大的陶行知塑像，我双手合十，默默怀念着这位教育先人。他一生深受乡人朱熹、戴震的影响，提出了“平民教育”“生活教育”的理念；他一生知行合一，崇尚一元论，一生也只为一件事儿而来。“大学之道，在明民德，在亲民，在止于人民之幸福。”他这样与时俱进地解读大学之道。他的胸襟和气度，他的教育之境界，令我高山仰止。

在徽州这样的教育背景之下，再去解读徽派建筑，解读牌坊群，解读徽州文化，一切便会豁然开朗。

古徽州“千丁之家，不动一坯；千丁之旅，未尝散处；千载谱系，丝毫不紊；主仆之严，数十世不改。”那些迁徽氏族，多以自己的始祖或迁祖为中心，集居繁衍，形成宗族。一般一族聚居一村，也有按房系分居几村，有的累世同居。这样一来，便有了以族为单元的祠堂、牌坊、书院、族谱，契约文书也随之而生。徽商兴起后，族立私学更是大兴，多请名士司塾，所以后世名家迭出。一镇几状元，在古徽州算不得稀奇。

新安理学对古徽州的影响，如雨水点点，就是这么润物细无声。

在宋以后的几百年里，程朱理学大昌，又后启了新安朴学；秀丽的山水又启发了新安画派；各地族人的智慧又促成了新安医学的光大。而在和皖西南文化的对话里，徽州又产生了桐城派，和京剧的前身徽剧。

徽州古府治歙县，有大画家黄宾虹的纪念馆。爱人一直喜欢黄宾虹的篆书，说是古朴又灵动；我则偏爱他以书入画的那些山水画。新安画派的风格趋于幽淡枯冷，重灵和品，渐江、查士标的画作莫不如此。而黄宾虹的画作走过师古人、师造化、师自己的三部曲后，已经成了新安画派后的一代巨匠。他浑厚华滋的浓墨山水，和他“艺品之高，源于人品”的艺术追求，都是大师心性。

徽州人说他是新安变派，我理解他们对黄宾虹这个徽州乡人的热爱。

徽墨、歙砚，爱人当然不会错过。离开徽州的那一天，他还是买下了一直舍不得买的那支价格不菲的毛笔。我则缠着他要吃徽菜，徽州毛豆腐已经吃过，同样上了《舌尖上的中国》的徽州臭鳜鱼我不敢品尝。爱人一向简素，我要了腊肉炒蕨菜、“竹林七贤”钟爱的蹄，要了两瓶黄山的迎客松啤酒。我感觉不合算，非要一边听徽剧。爱人知我有意刁难，眯着眼只当没听见。

我说要去景德镇淘青花瓷，爱人眼睛大开。景德镇、浮梁古城，都是徽州的近邻。

# 第五章　羽片

## 盐里乾坤数日月

西藏的芒康古盐井，是世界上唯一原始、天然的手工制盐地。那些藏地的背盐女人，无一例外带了灿然的笑容，每个当下，都生活在欢喜地。这一切，源于自然，也源于信仰。酥油茶、加加面、弦子舞、白哈达，他们的生活如澜沧江畔的盐田一样天然。

# 一个叫自然的地方

西藏的芒康古盐井，是世界上唯一原始、天然的手工制盐地。那些藏地的背盐女人，无一例外带了灿然的笑容，每个当下，都生活在欢喜地。这一切，源于自然，也源于信仰。酥油茶、加加面、弦子舞、白哈达，他们的生活如澜沧江畔的盐田一样天然。

## 一

由滇入藏的千年茶马古道上，第一个驿站就是纳西民族乡的芒康古盐井，那是世界上唯一原始、天然的手工制盐地。

正是人间四月天，茶马古道的蓝天白云像史诗一样明澈，沿途山脉粗犷、野性，一丝不挂地袒露着，如一个个硬线条的汉子。进入澜沧江峡谷古盐井所在地时，却不期而遇了好一个温润如玉的女子。

澜沧江水流进了春天，湛蓝、平缓，如一条柔美的丝带，两岸的野桃花彻底释放了激情，轰轰烈烈地开放着，高山台地上的农庄，却稀落得不着人间烟火气，那些参差错落在山坡上、用木棍支起的古盐田，砚台一样；那些正用盐刀轻轻刮起盐末的藏地女人，则如红袖添香的研墨女子。不是我矫情，那些天然得如蓝天白云一样的藏地女人，在春天里，在桃花畔，在盐田旁，就是这样温婉。

那些女人，是那样的让人动心：身着藏服，或是背着卤水，或是刮着盐末，或是驮着盐袋，都无一例外地带了灿然的笑容；没有悲戚，没有沉重，没有抱怨，更没有焦灼，眼里、心里，都是蓝天白云，每个当下，都生活在欢喜地；撮起薄薄的嘴唇，吹出一两支曲子，或是扯开清亮的嗓子吼一曲藏族民歌，那是天籁，绝对的天籁。

没有富贵气，没有书卷气，没有这气质那气质，就是一派天然、真实，那才是最上品的美丽。

桃花时节，古盐井产的盐也特别。西岸加达村搭起的架子上铺的是红岩土，产的盐都是粉红色，又恰在三至五月份桃花盛开时节盛产，所以叫作桃花盐；东岸的上下盐井村搭起的架子上铺的是细沙和当坡白土，所产的盐洁白如雪，呼应了远处的雪山，在夕阳下格外迷人，被称作雪花盐：一红一白，一桃花一雪花，都是阳光和风的原作，是自然的孩子。

那个第一个发现了澜沧江畔卤水的人是谁？无从得知。那个第一个手工制作了白花花的盐末的人是谁？无从得知。甚至连个美丽的神话传说都没有，似乎也没有人特别关注这些。一切源于自然，一切又回归于自然，就如同太阳一天天升起又落下，澜沧江年复一年滔滔不绝，盐产了一茬又一茬，女人换了一拨又一拨，水一样的日子就这么

◎宋　陆探微　归去来辞图

静静流淌，是真正意义上的天长地久、天荒地老。

与这些女人天长地久、地老天荒的那些男人哪里去了？在几乎和茶马古道相同的轨迹上，那些驮着盐在马铃声中行走的男人，正在用歌声唱出对女人的思念。

## 二

芒康的古盐井居民，大多是纳西族和藏族。纳西族人多数信仰藏传佛教，而藏族人很多信仰天主教，很有意思。

很长时间里，不管是纳西族还是藏族，古盐井的约三千块盐田，没有一块真正属于他们。盐民无盐，和卖凉席的睡凉炕意味一样。当地盐民中，流传着这样一首歌谣：

> 盐田像白纸一样铺在江边，我却没一块纸一样的盐田。
> 山顶的积雪有融化的日子，我们世代忍受着痛苦煎熬。
> 澜沧江的江水一日流不干，盐民的眼泪就一天擦不完。

那个时候，盐民每租六块盐田，就要把四块盐田的盐交给领主，剩下两块盐田的盐巴，除了盐税和商人的盘剥，所剩无几。新中国成立后，国家将盐田承包给了盐民。至今，纳西族民族乡还有六十一户产盐专业户，大部分人家则是半盐半农。任时光流逝了一千多年，这里的盐民仍然沿袭了最原始最传统的方式获取盐巴：在河床的盐矿处打井，用木桶背取卤水，借助阳光和风，在木架盐台上晒盐巴。唱着歌劳作，带着笑容生活。

这一切，源于自然，也源于信仰。信仰，源于敬畏；信仰，让人心有根。

在上盐井，有西藏唯一的天主教堂。这也没什么奇怪，西藏，本就是一个距离天堂很近的地方。

◎南宋　周季常　五百罗汉图——经典奇瑞

那座天主教堂，和传教士带过来的红葡萄酒，一个源于心灵，一个源于自然，在这片神圣的土地上，被当地人很自然地接纳了。心灵和自然，是生命的本源，本源一致了，不分民族，不分宗教，都值得敬重。

天主教堂的建筑，融合了西方建筑艺术和藏族建筑艺术，里面是高大恢宏的哥特式风格，四壁绘满了《圣经》壁画；外面，则是最常见的梯字结构的藏族民居，顶端巨大的十字架，在蓝天、白云和雪山的背景下，高贵而圣洁。

这座教堂，是法国传教士马德亮神父1855年建造的。西藏本是藏传佛教的天下，可佛教却对天主教极大地理解和包容，那些佛教徒，除了在转经的路上绕过天主教堂，从无任何过激行为。每天的清晨和黄昏，在炊烟袅袅中，人们聚集在一起，唱赞美诗。那些空灵、美妙的声音，在异域山谷回荡，和藏传佛教“唵嘛呢叭咪吽”的六字大明咒一样，让人明净，让人感动，让人慈悲。

新出生的婴儿，会被大人带到这里祈福。男女结婚了，信徒会穿着传统的藏式服装，来教堂举行天主教的结婚仪式。没有谁去诋毁别的宗教，人们的心胸里装了蓝天白云，多彩、多元的文化，在这片干净的土地上自然融合。

教堂里有三名修女：一位在上盐井务农；一位在昆明神学院读书；还有一位上了年纪的修女，终日带着慈祥的目光和笑容，名叫德仁。德仁修女从小就在教堂跟着神父学习《圣经》，终生未嫁，现在负责主持教堂的日常事务；或者说是嫁了，她把自己许给了信仰。

有了信仰，平常的日子也是富足的。心底有欢笑，有感恩，有圣洁和美好，盐民真的日日是好日了。

离开时，不要忘记了带上些教堂自酿的小粒玫瑰蜜葡萄酒。临睡前抿上一口，静静回味阳光和唱诗班的美妙，感觉当下就活在天堂。

# 三

盐井产的粗盐是当地打酥油茶的必需品。盐和茶，一个厚重，一个清雅；一个平实，一个自然，在空灵神秘的异域，如佛教和天主教一样，和谐融合了。不要以为盐和茶是两个领域的东西，所有的生命，在本源上都是相通的。盐和茶，都是自然之子，与阳光和风相遇时，成全了自己；然后再释放自己，报答一切生命。

我是喜欢茶和茶文化的，在茶的世界里，我曾经找到了读书之外的另一个气象万千。当我走进了盐，在茶世界里按捺不住的欢喜，突然不见了。也不是不欢喜了，是觉得在盐的世界里，欢喜太轻狂了。盐，那么普通的盐，普通得人们都忘记了甚至不屑于提起它。盐无言，只是悄无声息地走进每一个人的生活，滋养生命。它平实、厚重、雄性、温暖，却真的无声。即使在酥油茶里，大多数人更多地记住的还是茶，他们哪里知道，如果没有盐，酥油茶也会失了味道。

在芒康古盐井喝酥油茶，我希望每个人都能记得盐。

在芒康古盐井，也万万不可错过另一样特色美食——加加面，那可是和北京烤鸭、天津狗不理包子、重庆火锅一样的地方美食。

粗盐是当地打酥油茶的必需品，却不是加加面成名的因素，虽然加加面里也离不了盐。加加面好吃与否，关键在于那一锅肉臊子汤。提前一天加了当地配料熬制的骨头汤，加上鲜面条煮，也不能说就是加加面了。加加面的魅力，更在于过程之美：劝解的热情，自我的挑战，都在过程里。所以，吃加加面，更像是一个有意味的游戏。

在肉臊子汤里捞出的面条，放到碗里也就是一口的量，这并不有违当地人公认的热情，因为当地人的热情，不是在这一小碗面里体现，而是在不断劝解下让客人一碗又一碗吃下无数碗加加面的过程里体现出来。这样的过程很有韵味儿，那份拉长了的热情，不灼人，却意蕴悠长，会让人久久不能忘怀。

和加加面一起上了餐桌的，一定是一碗石头子，估计这在世界上

◎南唐　董源　寒林重汀（局部）

任何一个地方也不容易找到。那些石子，当然不是用来吃的，那是用来计数的。客人吃了多少碗加加面，就会在桌子上摆上多少粒小石子，类似于古人的结绳记事。当一粒粒石子次第摆下，有下围棋般的慎重，也有挑战自我的快乐。那是多么有意思的一份快乐啊！

其实生活里从来也不缺乏快乐，只是我们在行走的过程中，丢失了寻找快乐体验快乐的心情。在茶马古道的这个驿站里，在一碗碗加加面里，人们找回了心情。

盐井人的快乐不用找，他们从未丢失过。快乐是他们生活的盐，一天也离不了。简单、粗陋、清苦，是外人眼里他们的生活，他们自己的生活里，从来没有这些概念。他们背卤晒盐，他们也载歌载舞，他们每一个人，都是歌唱家、舞蹈家。

载歌载舞间，一不留神，他们把当地的弦子舞跳成了国家级非物质文化遗产。就像他们年复一年的手工制盐，一不小心，接近了世界级古文化遗产。或者，是不是非物质文化遗产，对他们真的不重要，他们只需要把有盐有弦子舞的日子，如日升了又落日落了又升一样，简简单单地重复下去。

芒康古盐井，是一个叫自然的地方，如当地人手里的酥油茶和哈达，给每一个来到这里的人，献上的是温暖和纯净，又温暖纯净得如此自然。教我如何不想它！

# 在苍凉里味繁华

云南的黑井古镇，是历史上一座因盐而富庶敌省的深山小镇。小镇那座有名的五马桥、节孝牌坊、武家大院、大龙祠、文庙、黑牛盐井、古盐坊、掩映在草丛中的丝绸之路……还有美味的盐焖鸡、灰豆腐、炒石榴花，都在无声中诉说着黑井古镇昔日的繁华和富贵。当繁华如烟花一样寂灭，那流淌至今生生不息的生命力，就是文化。

## 一

如果你有闲却差钱，推荐你一个好去处——云南的黑井古镇，不管什么时节，随时可以出发，于身于心，管保合算。

首选自然是火车。虽然慢，不急，慢慢走，欣赏啊。火车逢站必停，偶尔还要给快车让路，钻隧道，出隧道，恰是最好；村舍边，桥头上，随处看风景，反正彩云之南，青山绿水，花花草草，树木青葱，稻田、油菜花、石榴园都随你看个够。如果真看够了，请把视线收回，那拥挤的车厢里，都是流动的浮世绘。

黑井是个小站，接站的都是老马车，那“哒哒哒”的马蹄声，有一种穿越时光的悠然韵味儿，一路人马稀疏，就这么静静走近一座国家级文化名镇，最是相宜。一边是玉碧山，一边是凤岑山，树木大都砍了煮盐，两座山像愣头青一样光秃秃地对峙着。其间的龙川江，很清浅，像个没心没肺的深山女子，一路跳跃着前行。黑井古镇也叫烟溪古镇，制盐的炊烟，远在汉唐时就已经弥漫在龙川江边，如今，“一水送溪烟”的曼妙，只在迷蒙的记忆中了。

马车踏上了黑井古镇那座有名的五马桥，桥的尽头，便是那座有名的石牌坊——节孝总坊。别听我轻描淡写，桥和坊，以及小镇的一切，厚重得会吓你一跳。

节孝坊建于清末光绪二十七年（1901年），是一座敕建牌楼式全红砂石质牌坊，左右间额枋分别刻有“雪操”“霜筠”二字，是黑井、琅井、元永井的灶绅（制盐专业户），为“三井”的八十七位贞女捐资打造。西南边陲，大山深处，人们的生活几近原生态，黑井古镇的一座牌坊，却见证了忠、孝、节、义。一方面，可以看出男丁行盐是暴利但也凶险；另一方面，也可以看出黑井民风之醇正。据说，不管多么繁华的时代，黑井镇也没有一座青楼。所以，到了黑井，你若想邂逅一场在丽江古镇里的艳遇，祖宗也不让。

转过牌坊是一街，亦称德政街，逼仄得仅容一辆马车经过。自然不能再坐马车，否则，会惊扰了马路边安闲地纳着鞋底的老人，还有静静陪伴老人的狗。沿着凹凸不平的石板路缓缓行走，一闭眼，昔日马帮的铜铃声、卤水挑夫的脚步声在时空里奏响。睁了眼，幽寂的小路上，一个驼背的九旬老人拄着拐杖，正不紧不慢地向你走来。

别愁没地儿住，黑井古镇到处都是小客

◎清 虚谷 日长山静图

栈，二十元、四十元、六十元；就是小镇最豪华的武家大院，平均每间也不会超过一百二十元，且每一家的主人，都会让你有家居一样的踏实和舒服。

黑井出名是因为盐。唐贞元十一年（795年），唐使袁滋在《云南记》中记载：“黑井之盐，洁白味美，惟南诏一家所食。”如果你看过金庸的《天龙八部》，也能从中找到黑井的影子：“云南产盐不多，通国只白井、黑井、云龙等九井产盐……”

而且作为“滇菜发源地”，黑井的饮食文化也朵朵奇葩。盐焖鸡、灰豆腐、牛干巴、烧肤、烧卖、砂锅豆腐、稀豆粉、石榴花等，都是黑井的特色菜。

黑井的名气再大，咱也要先填饱肚子，我向你推荐盐焖鸡、灰豆腐和炒石榴花。

莫只等结果，过程的精彩不容错过。进厨房，去看看师傅如何制作盐焖鸡。把土鸡洗净，轻轻刷上一层腌汁，放进厚厚的盐堆中，埋得严严实实的，再用炭火烤。那盐粒粗大，在火的炙烤下会散发出淡淡的清香。待肉的香味飘出来，一任哈喇子流下来，保管没人笑你。盐焖鸡上桌了，鸡肉竟然是诱人的蛋黄色。不必担心鸡皮会很咸，黑井盐的渗透性极强，尝一口，格外的清爽。鸡肉也非常嫩，溢出淡淡的肉香，是真正的原汁原味。

灰豆腐就是煮汤了。汤中间漂浮着厚厚的白芝麻油辣子，那是无法抗拒的香味。夹起四四方方的一块灰豆腐，颜色果然是灰色的。入口，皮是油豆腐的质感，煮成汤也是酥酥脆脆的，咬上一口，里面的浆汁一下子流了出来。晒干的石榴花泡开了炒着吃，又是一道别样的美味。不信你就亲口尝尝。

还有那闻名全国的云南宣威火腿，自古代就必须用黑井之盐腌制，一定也要尝尝哦。

# 二

伴着古镇里温亮的红灯笼，美美睡上一觉，睡到自然醒。如果你也是为盐而来，那我们就一起去看古盐井吧。那里煎煮的黑井盐，曾如绽放的烟花一样，让黑井镇绽放开梦幻般的繁华和富贵。

黑井古镇在历史上有多么繁华富庶，无须赘述，让我通过一组盐课数字告诉你：

元朝，“（黑井）弹丸耳。而课额则当云南地丁之半，而八井则什百焉。故人言赋率黑井为巨擘，盐课之外，他不及也”。

明朝，占云南总税赋的67%。

清朝，占云南总税赋的50%。

清末民初，占云南总税赋的46%。

……

黑井古镇在历史上到底有多么美丽，让我们看看清《康熙黑盐井志》中精美的描述：

烟溪叠翠，南浦飞云，龙江夜月，凤岭朝晖，石门瀑布，金杨堆霞，巨浪惊天，晴岚铺玉，石桥红叶，春圃桃花，天台老树，东山大石，仙潭马迹，佛塔龙吟，绝峰砥柱，夹岸飞虹，云裹礁歌，半空钟声……

在黑牛盐井边，追寻黑井盐的历史，其悠久，可以上溯到新石器晚期。据《黑盐井志》记载：“土人李阿召牧牛山间，一牛倍肥泽，后失牛，因迹之，至井处，牛舔地出盐。”

青铜器时代，当地彝人掘池储卤，用原始的薪炭法制盐；南诏时期，掘池汲卤，用釜煎盐，黑井盐成为专供王室的贡盐；元代，中央置威楚路提领管黑盐井盐运使司。但在这两千年中，黑井仅仅开挖了两三口盐井。明洪武年间，黑井设正五品的盐课提举司，直隶于省。中央从应天府迁来六十四名灶丁，这些人中，藏龙卧虎，各种能工巧匠隐于其中。经过数百年，到了清朝，黑井盐业到达鼎盛。

吃盐莫忘挖井人。那个美丽的彝族姑娘李阿召，就是黑井人心中的神。

从黑牛盐井往上走，走过七星台，便是供奉了盐女龙王李阿召的大龙祠。在龙祠内悬挂着雍正皇帝所题写的牌匾，上书“灵源普泽”四个大字。如今的大龙祠看上去有些清冷、破败，昔日的大戏台，却是极为繁华的快乐地儿。

早年，大龙祠连同山下的文庙、武庙、财神庙，滇戏、京戏可是连台好戏，且唱戏的都是用轿子请来的省城名角儿。那些灶绅、达官、豪商们在此大摆酒宴。台上唱戏，台下交易，台上台下，都是金粉旧梦。他们就像唱堂会一样随意点戏。如果点到稀罕的戏名，就有捧场的高声叫好，点戏者也自鸣得意。如果唱不好或者台词错了，就会嘘声四起，甚至茶壶、酒杯也飞到台上。边陲风俗，一向淳朴，龙女阿召也厚道，她从不怪罪，只是一如既往地默默庇佑着古镇人。

山上有一条掩映在野草丛中的小路，很是荒芜。小路向大山深处蜿蜒延伸，逐渐淹没于群山之中。千万别小看了它，这就是南方著名的丝绸之路啊。这是一条通往南亚和东南亚各国的贸易之路，在云南它叫“茶马古道”。小路是马帮几千年来在山间走出来的，如今，驮运着茶叶、盐巴和其他日用百货的马帮，以及那些山歌和铜铃声，已经消逝在历史深处了。

当年的黑井，主要有三条这样的茶马古道：一条沿着龙川江一直向北，进入川西、青海等地；一条向西，经过大理，越过怒江，进入缅甸和西藏；还有一条一直向东，经过云南东部进入贵州和广西。往事如烟，在这些古老的茶马古道上，你还能捕捉到黑井黑盐的影子吗？

◎元 吴镇 渔父图

文化、教育却在黑井留下了深深的辙印。在黑井古镇，盐业和教育，甚至可以称得上齐头并进。黑井的第一位教书先生，就是望族李家。教书更是上武家代代相传的家训，上武家的每一代长子，都必须从文，参与黑井的教育事业。李、武两家固然财力雄厚，但为他们赢得生前身后芳名的恰恰不是财富，而是文化和教育。民间甚至还流传着“不知官府，只知李武”的说法。当黑井古镇的繁华复如烟火般寂灭，那流淌至今生生不息的生命力，就是文化。

由于文风昌盛，黑井历来民风清正，人才辈出。单清朝一代，就有八人考中进士；元代至民国年间，共有进士十三人，其中一人被皇帝钦封为“武功将军”。民国年间，黑井的书院还担负着为陆军讲武堂输送人才的任务，后来，黑井果然出了五位将军、一位议会议长、四位县团级军政长官。至今，黑井小学内的文庙，还用中华传统文化熏染着一代又一代的黑井人。

黑井人之幸，幸于黑盐。黑井古镇的没落，也是盐惹的祸。盐在当地方言里极似“缘”，真不知盐之于黑井，到底是怎样的缘分。

## 三

让我们一起登上半山腰的飞来寺，俯视黑井小镇吧。站得高了，视线开阔了，心的容量自然就大了。

古驿道、石塔石坊、武家大院、黑井文庙、三坊一照壁、一颗印、走马转脚楼、四合五天井、古门楼、古石碑、进士府、古盐井、煮盐灶……仿佛都在向你我无声诉说着昔日的繁华和历史的沧桑。

建筑是无声的诗，是哲学的画，是时间的印记，也是苍凉的叹息。黑井的建筑，很有明清的遗韵，主要依居住者的身份、喜好、生活方式等来分类。官家的是“一颗印”式的威严府第，大户人家的是“走马转角”式的气派宅院，小户人家的是“三坊一照壁”或者小巧的“四合院”，平民人家则是一楼一底一铺面的务实居所。开了门，一脸平静；闭了门，一腔心事。日子的苦与乐，人生的悲与喜，就在这些开开合合中演进。

人生之大开大合者，当数下武家。民居中之佼佼者，首推武家大院。

武家大院曾经盛极一时，在下武家武继祖手上历时十六年才建成。当时黑井已是穷山秃岭，各种木料都要从外地运来，龙川江漂满一河的木料。武继祖是恩科进士，当时的武家富甲一方，有着除了云南省省长外的第一辆小轿车，经营着云南大半的盐号，有自己的马帮。武家大院有灶丁、兵丁上千人。那份不可一世的傲然，不只写在武家脸上，还要挂在一座建筑上。

武家大院可谓极尽了铺陈之能事。大院依山就势，一百〇八道门，九十九间房子，三檐六滴水，极为张扬与奢华；还建有隐秘的防御、逃逸设施，隐含有“六位高升、四通八达、九九通久、王隐其中”之意。武家大院的建筑格局就是一个“王”字，为了内敛一下这份霸气，“王”字加了一个点——武家大戏台，“王”变成了“玉”，王隐其中，半隐半现中，却愈见其野心之大。

武家最早是南京人，充军到此，后来发迹，他家的大门是斜的，永远朝着南京的方向，以示不忘故乡。

武家大院的门庭中有一副楹联：煮井累银高玉壁；敲诗赌酒小梁园。上联是物质生活，告诉我们武家靠煮盐积累财富，财富高过背靠着的玉壁山；下联是精神生活，是说武家也会享受生活，闲暇时邀约文人骚客在家里的小梁园里谈诗论酒。武家的小梁园旁边，摆放了一溜的磨盘，足见武家精明。马帮运盐出去，回来拉回黄豆，用黄豆来磨豆腐，再用豆渣子煮盐，盐味儿会更加醇正。

当今有流行语：不作死就不会死。武家的陨落，也正中此言。

武家到了武维扬一辈儿，财富和霸气都到了巅峰。贩私盐，倒鸦片，养着一队全副武装的保商队，欺行霸市，无人敢惹，也迅速走上了一条作死的路。

◎清　高翔　疏林夜话图

书香门第的李家，一向是不屑于武家的，也赢得了乡人极大的尊重。就连上武家，也渐渐与之疏远。多行不义必自毙，但愿武家的败落，真的能给世人一些警示。

到了黑井古镇，哪能不亲自体验一下用古法制小锅盐呢。随我一同去古盐坊，你就会知道路是怎样长的，盐是怎样咸的。不过那些烦琐的程序，只有技术精湛的师傅才能演示，你我只能感受一下小锅烤盐了。给长把的小锅底抹上香油，把奶油一样的盐沙放进小锅抹平，可以随意写上几个自己喜欢的字。我写的字是：在苍凉里味繁华。然后在木火灶上反复烤，一丝香气随着烟火缓缓溢出，等待盐慢慢烤成了黑色，那可就是黑盐极品了。花上十元钱，把自己亲手烤制的黑井小锅盐带回家，又是一份不可磨灭的文化记忆，多么美好！

傍晚时分，让我们在五马桥上走一走，看看炊烟四起的黑井古镇。微风里，袅袅的炊烟顺着狭长的河谷飘移，人会想起盐业繁盛的元明清时期，黑井家家灶户煮盐的场景。整个小镇，炊烟袅袅，真正是一条美丽的烟溪了。

华灯初上，踏上商业小街利润坊，那些高挑的红灯笼，幽幽地照射着红砂石的石板路，小商贩们陆陆续续收摊了。斑驳的红砂石墙面，斑驳的木雕门窗，坐在巷子里经历了岁月的铺台上，吃一碗放了当地梨醋的凉卷粉，优哉至极；如果再抿上一口本土的小灶酒，嗨，神仙也莫过于此了。

今夜，你我再好好味味小镇的一切吧，繁华里的苍凉，苍凉背后的繁华，慢慢去品。明早离开时，也莫要依依不舍，带上几袋黑井小锅盐巴，留待平淡的日子里，细味深山里龙川江畔那份不了缘吧。

只要文化的血脉不息流淌，黑井古镇，黑井古镇之外，都会与你同在。

# 人间情味长

古诗云："蜀盐走贵州，秦商聚茅台。"川盐入黔，成就了茅台酒。在那条盐运古道上，很多集镇便成了中国历史文化名镇。茅台村，这个赤水河畔曾经幽静、闭塞的小渔村，因盐兴盛，又因茅台酒闻名世界。开国大典站在主席身边的，很多就是红军四渡赤水时第三渡在茅台村一起喝过茅台酒的人。古盐文化、酒文化、红色文化，伴随着赤水河流淌不已。

## 一

在大洼畔的茗寿堂喝古树茶，我有幸遇到了被称为"酒场文化第一人"的木空先生。因为读过先生酒文化作品之一《酒杯里的中国》，喝着甘醇的古树老茶头，闲语间，不经意地就品起了酒文化。茶和酒，一个内敛，一个张扬；一个淡泊，一个热烈；一个如柳梢月，一个如中天日，在安宁、品位的茗寿堂里，在文化的意义上，却如幽幽的古琴曲一般和谐、和悦。

谈及中国四大名酒——贵州茅台酒、山西汾酒、四川泸州老窖、陕西西凤酒，因我刚刚从贵州铜仁开会回来，梵净山的尘外气息和凤凰古城的浪漫情味还在心间萦绕，就顺口多问了有关茅台酒的历史文化。先生如数家珍，讲起了1915年巴拿马国际博览会上茅台酒一夜闻名世界的故事。

那也是一个灰姑娘的故事。中国参展的茅台酒可谓是养在深闺人未识，再加上深褐色的陶罐包装，和大豆、棉、麻一起，土里土气地放在农展馆里，村妞一样，不被人关注。不经意间打落的一个陶罐让机遇眷顾了茅台酒，当茅台酒特有的天然甘醇酱香气息散开，中国代表灵机一动，把陶罐里的酒倒入酒瓶，旁边配几个酒杯，酒瓶就那么随意地敞着，散发的香气吸引了各地的代表，一时间，大家纷纷品尝，交口称绝。在巴拿马会议上，茅台酒被评为世界第二大名酒，荣获金奖。再以后，茅台酒和法国科涅科白兰地、英国苏格兰威士忌，被公认为“世界三大蒸馏名酒”。

直到今天，茅台酒在包装盒里放有两个酒杯的创意，除了装饰和实用价值之外，更含有纪念巴拿马世博会的文化意义。

从茗寿堂回到家，我意犹未尽，打开电脑，输入“茅台村”，一组与之相关的古诗亮了我的眼。清道光年间，任仁怀直隶同知的陈熙晋，写了一首《茅台村》：

村店人声沸，茅台一宿过。
家唯储酒卖，船只载盐多。
矗矗青杠树，潺潺赤水河。
明朝具舟楫，孤梦已烟波。

从诗中，我第一次得知，盐和茅台酒有很深的渊源。

同一时期，被誉为西南大儒的贵州遵义籍文学家、诗人郑珍，也写过一首五律《茅台村》：

远游临郡裔，古聚缀坡陀。
酒冠黔人国，盐登赤虺河。
迎秋巴雨暗，对岸蜀山多。
上水无舟到，羁愁两日过。

清涼臺
薄暮平臺獨上游可憐春色靜
南州陵松但見陰雲合江水猶涵白
日流故壘鴉歸宵寂寂廢園花
發思悠悠興亡自古成惆悵莫遣
歌聲到嶺頭
清湘遺人極

◎清　石涛　清凉台

又是一首盐和酒并称的古诗。当得知了这首诗歌背后的故事，我更是啧啧称叹。

郑珍过茅台时，闲步街头，见一插草卖女的穷人。问其情由，才知当地某盐酒商逼他归还所欠三十两银子，只好卖女抵债。郑珍心下义愤，恰好那位富商慕他的盛名，请郑珍写副对联，对这种为富不仁的人，郑珍本意不屑，可想到那对贫苦的母女，他灵机一动，应允了富商，却开口说："写对联可以，但要四十两酬金。"富商悭吝，只肯拿出二十两银子。郑珍挥笔写下了"酒冠黔人国"，把笔一丢，冷笑一声："你只肯出一半价钱，我当然也只能写半副对联了。"盐商无奈，只好再拿出二十两银子，郑珍这才写出"盐登赤虺河"的下联。随之，郑珍把这四十两银子送给了贫穷的父女还账。他心绪为之一爽，回到住处，便在这副对联的基础上，写下了脍炙人口的《茅台村》。

郑珍《吴公岩》一诗中，也有"蜀盐走贵州，秦商聚茅台"的诗句，这让我对盐和酒的渊源越发的有了兴趣。蜀盐、秦商、茅台，这之间到底有着怎样的故事呢？

## 二

四川自贡一行，谜底终于揭晓。

自贡仙市古镇河畔的古盐码头旁，有一个依山傍水的露天茶坊，我和学者黄健品饮古树茶天馥灵芽，他讲了自贡盐和茅台酒的故事。

川盐济楚，成就了一大批盐商；川盐入黔，则成就了茅台酒。元代至顺年间（1330—1333年），四川井盐远销贵州，开创了川盐出蜀的历史。

川盐从四川自贡自流井，经泸州、沿合江溯流而上，尽历险滩湍流，经赤水河抵达茅台村时，需全部卸船进仓，再靠人背马驮，循陆路运入贵阳、毕节等地两路销售黔省。

茅台村，本是赤水河畔一个幽静闭塞的小渔村，因盐而兴，被称作川盐入黔的仁岸中心，也是陆路运盐的集散地，集聚了大批盐商。民国年间有一首民谣："山小马屎多，街短马肉多，河小盐船多，路窄轿子多。"由此可以想见茅台村当年舟楫云集、热闹非凡的盛况。

到了清朝康熙年间，茅台村已经成了一个繁华的江边小镇。那些经营运销的四川盐商，有不少是山西和陕西籍人。那些盐商巨贾腰缠万贯，素来奢华。茅台镇位于偏远深谷，无丝竹之乐，更无诗、书、画之雅趣，百无聊赖时，打发时间的就只有饮酒作欢了。

茅台村产酒，有两千年的历史。赤水河水质好，入口微甜，无溶解杂质，再经过蒸馏后酿出的酒特别甘美，清代诗人曾用"集灵泉于一身，汇秀水东下"称美赤水河。这里的自然环境和气候也很独特，处于贵州高原的最低点，远离高原气流，终日云雾缭绕，夏季最高气温可持续五个月，一年有大半时间笼罩在闷热、潮湿的雨雾之中，对于酒料的发酵、熟化极为有利，同时也对酒中香气成分的微生物的产生、精化、增减起了决定性的作用。如果离开这里的特殊条件，酒中的有些香气根本无法产生，酒的味道也就欠缺了。

历史学家范同寿认为，国酒茅台之所以诞生于黔北，成为中华酒文化的骄傲，除了得益于天时、地利等诸多因素外，黔北深厚的通道文化积淀也是一个重要原因。

仁岸著名的四大盐号永隆裕、永发祥、协兴隆、义盛隆，竞相在茅台建仓筑舍，促进了客栈、饭店、药商等行业的兴起，更促进了酿酒业的发展。到清嘉庆、道光年间，"茅台烧坊不下二十家，年废粮食不下二万石"，可谓"盐酒不分家"。很多盐号从经销酒到涉足烧酒坊，促进了酿酒业的发展。

盐商在品尝当地酿造的酒后，觉其味颇佳，为了酿造出更好的美酒琼浆，山西盐商请来山西杏花村汾酒的酿酒师，陕西盐商请来凤翔县柳林镇西凤酒的酿酒师，以及四川泸州老窖酒的酿造技术，还有哪

◎五代后梁　关仝　关山行旅图

一个地方的酒能有如此得天独厚的“人和”因素？各地酿酒师不断试验、改良，久而久之，便形成了一套奇妙、复杂、精湛的酿酒技术，一种“无色透明、特殊芳香、醇和浓郁、味长回甜”的全新的美酒佳酿终于诞生了。可以说，在中国四大名酒中，某种意义上，茅台酒是集大成者，它成为国酒，享誉世界，本在情理之中。

我静静听着学者黄健讲盐和茅台酒的故事，视线不经意间落到茶坊边静静流淌的小河。我想到了清人写茅台酒的那首《竹枝词》：

茅台香酿酽如油，三五呼朋买小舟。
醉倒绿波人不觉，老渔唤醒月斜钩。

恍惚，河面有一叶扁舟划过，一个渔翁，三五醉客，飘然逝去，留下一缕酒香，散淡于青山绿水间。

## 三

一条古盐水道，衍生了这么多的美好，我忍不住要走近它了。

从先秦时代，川盐入黔依赖河川与古道，至明清形成了四大口岸。盐靠岸，便依仗人挑马驮，步行每隔三五十里，便形成了一些类似于驿站的大大小小的集镇。这些集镇，很多便成了中国历史文化名镇。

沿着赤水河，顺着古盐道，一路前行，那个被称为“第一险滩”的丙安古镇是不能不看的。这个三面环水一面靠山的小镇，仅仅靠一条铁索桥和外面的世界连接，这也恰好留住了古镇的纯粹、古朴和安宁。

川盐入黔至丙安，必须卸载盐船，然后由人工搬运，才能越过第一险滩。丙安古镇水路天险和陆路咽喉的地位，使它成为盐运古道的重要码头。那些依山傍水修建的极富韵律感的吊脚楼群，很有风韵。

民居红石奠基，木柱串架，木板为墙，青瓦盖顶。那些鳞次栉比、错落有致地绵延于青山中的市井民居，是一首首天然的诗。

走近古镇，狭长的青石板路，林立的店铺，或卖茶水，或卖豆花儿，或卖传统的油纸伞……却一点也不吵闹，路上的行人，也个个淡定、从容，很有古风。

赤水河上的运盐商船早已逝去，只留下码头上被盐工磨凹的石阶和河岸边拉纤的绳痕。逆流而上，历史上最“牛”的那个土城镇，是不能错过的。

盐运文化、商埠文化、长征文化，汇聚在土城。1935年红军长征四渡赤水，土城便是一渡赤水的主要渡口。川盐入黔也先要屯集土城，至唐宋时，土城作为赤水河盐运的必经之路，船帮、盐号应运而生。小青瓦、石板街、古民居、盐码头、博物馆，船帮和古戏院，茶馆和古酒窖，点点滴滴，都是历史沧桑。

当然，最有名的茅台镇，尤其不能错过，虽然古镇的影子早已不再。从土城到茅台镇，称为百里酒廊，赤水河上酒韵绵长。美酒的气息，在纯净的空气里便可嗅到。

茅台村，又称马桑湾、四方井，到了宋代，因了一个历代濮人祭祖的圣地——长满茅草的地台，而简称茅台村。茅台，一个多么朴素、平实的地名，却衍生出了后世的繁华和富贵。

◎清　石涛　秋江独钓图

除了古盐文化、酒文化，茅台镇的红色文化同样值得称道。四渡赤水，是毛泽东革命生涯里的神来之笔，而第三渡，就发生在茅台镇。

1935年3月，红军长征来到了仁怀。朱德、毛泽东在仁怀长干山历险，在鲁班场吃了败仗，这一仗被毛泽东称为“平生的四大败仗”之一。茅台镇的民众以茅台酒慰劳红军，红军茅台沽酒召开“茅台会议”，四渡赤水的第三渡茅台，全军大佯动，从此变被动为主动，摆脱了国民党军队的围追堵截。

1949年10月1日，毛泽东在天安门城楼上宣布：“中华人民共和国成立了！”他旁边站立的，有很多便是一起在茅台镇喝过茅台酒的人。开国大典的晚宴，用的也是茅台酒，由此，茅台成了国酒。

古盐道，一坛茅台酒，一条红色通道，一种人世间的情味，也是一段极为悠长而美丽的文化记忆，是偶然？还是必然？哪里说得清楚。作家熊召政有诗：

天下茅台酒，人间味道长。
含香怜赤水，人窖酿秋光。
招饮惊陶令，飞觞悔杜康。
谪仙若到此，一醉射天狼。

酸甜苦辣辛，人间情味长。只是，有多少人懂得盐里的酒味儿？又有多少人懂得酒里的咸味儿？历史无语，只在平淡中发酵着山高水长。

# 那些咸咸淡淡的事儿

我只身一人，行走在盐文化之旅，从历史的深处寻找文化给予我的安静和感动。去盐山捐助贫困生，归来瑞雪，想起东晋才女谢道韫的故事中那句“撒盐空中差可拟”；想起弘一大师吃饭时说的“咸有咸的滋味，淡有淡的滋味”；想起茶卡的盐雕，想起拜城仅存的唯一的那只盐碗……那些咸咸淡淡的事儿，都是人间滋味。

## 一

茗寿堂的几个朋友相约资助了盐山的三个贫寒学子，归来的路上，天现瑞相，冬天的第一场雪纷纷扬扬地飘落下来，朋友们心情大好。

走过盐山，走过旧城，走过曾经盐船穿梭的黄河入海古道河床，我一路给大家讲述和盐有关的旧城故事，大家听得入迷了。

兴致好，思维也如漫天飞雪一样空灵、开阔，我又想起了东晋才女谢道韫的故事。

一日天雪，宰相谢安兴致勃发，召集本族家人小聚。这样的一个名门望族，不会仅是简单地吃吃喝喝，即兴联句之类的雅趣，断然是少不了的。俄尔雪骤，谢安欣然道出：“白雪纷纷何所似？”谢安的侄子胡儿接口：“撒盐空中差可拟。”一旁的谢道韫轻启朱唇：“未若柳絮因风起。”谢安大笑。

◎梁　张僧繇　鱼篮观音图

在史书上，这只是一个很客观的故事，后人却把欣赏的眼光投给了谢道韫，冷落了其兄胡儿，这未免有些不公。

飞雪如絮，轻盈飘逸，形似；雪若撒盐，都是水的生命存在的另一种形式，神同。哪里能分得出高低上下呢？若说“柳絮因风起”更有诗的意境之美，文字的比况，其实也无多大意思，春日华枝春满，冬日铅华若素，本也是各有各的风情，还是不厚此薄彼的好。平等一味，多好！

雪和盐，一个淡，一个咸；一个飞扬，一个内敛，存在于冷冷暖暖，最终都结晶为素白和纯净，孰好孰坏？原本也没有什么分别。盐是雪的前生，雪是盐的今世，珍惜每一个当下，便是不辜负。

车进小城，已是傍晚。晚来天已雪，能饮一杯无？三五好友，岂能错过绝佳的茶聚？走进我的含弘斋，泡一壶古树陈茶天馥紫霄，屋外白雪飘飘，屋内茶汤红亮，在袅袅的奇香里，有好友相伴，一起醉了光阴。

## 二

生在盐乡，本女子自小重口味儿。小时候妈妈总唬我：“看齁成个盐白狐儿（方言，指蝙蝠）！”想想蝙蝠倒挂屋檐暗无天日的狰狞样子，我怕得想哭。可一到吃饭时候，还是忍不住打回了原形。

人到中年，肾脏功能弱了，中医朋友总是嘱咐我：“咸入肾，少吃点盐吧。”我听话地点了点头，三五天后，苦于淡食无味，又故态重现了。

我本愚痴，我奈我何？我弱弱地安慰自己。

一日读弘一大师，看到了一个故事：

有一天，夏丏尊前来拜访，吃饭时，他见弘一大师只吃一道咸菜，他忍不住说道：“难道你不嫌这咸菜太咸么？”

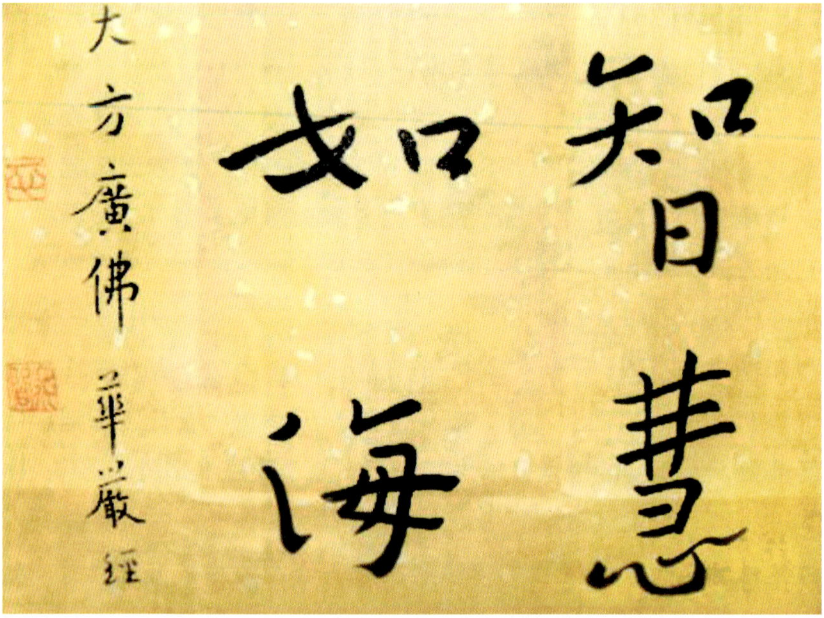

◎弘一书法

弘一大师回答道："咸有咸的味道！"

过了一会儿，弘一大师吃好后，手里端着一杯开水，夏先生又皱着眉头道："没有茶叶吗？怎么每天都喝这平淡的开水？"

弘一大师又笑一笑说："开水虽淡，但淡也有淡的味道。"

好一个咸有咸的滋味，淡有淡的滋味！那是超越了咸和淡的真滋味！

盐商家庭出身的李叔同，在繁华、风光里重重走了一遭后，淡淡地成了弘一法师。经历了咸咸淡淡的日子，大师彻悟：咸和淡，原无分别；有分别的，是人心。因为分别，所以不平；因为不平，所以痛苦。执迷于咸或淡，都是愚痴。

可是，你我凡夫，哪里容易如弘一大师一样超脱、圆融？

不必望而却步，个人有个人的因果，但因果之间，有一份积极。我的肉眼看不到因果，那积极的方向何在呢？

一日文友茶聚，我问北京做文化公司的杨总：“你在都城，视界和境界都比我高，请给我一个方向好吗？”杨总说：“最地方就是最文化，说到底就是接地气，回归真实。”

多么智慧的答案！做人，为文，莫不如是。

每一个新生的婴儿都是真实的，所以才可爱。成长的路上，我们一步一步把真实给丢了。学会了虚情，学会了粉饰，学会了做作，学会了欺骗，我们以为在世上混这样才安全，可是为什么心底越来越没有安全感？《金刚经》说：“一切有为法，如梦幻泡影，如露亦如电，应作如是观。”天天生活在梦幻泡影中，心怎么能踏实？当我们回过头来，做减法，往后看，捡拾起了那份真实、自然，心，才会有家的踏实、温暖。

不说咸淡，我这样写下我的终极目标：如蒲公英一样自然而生机，如一片茶叶一样纯粹也丰富，如一颗盐粒一样平实却厚重。

## 三

鸿的家里有一盏盐灯，是不规则的柱体，很晶莹，幽幽的灯光软软的，像帐下慵懒的美人。盐灯的原料，不是盐末，不是盐粒，是岩盐。

小城的盐业博物馆内，也有两块岩盐：一块是喜马拉雅山岩盐，其纹理如玉，摸上去如婴儿的皮肤一样光滑；另一块似是新疆的岩盐，是一块丑陋的盐坨子，颜色也乌涂涂的。但都是很天然的存在。

喜欢旅游的朋友从青海回来，描述过茶卡的盐雕群，说《一代天骄——成吉思汗》，说《丝绸之路》，说《西游记》等。他客观地说，我淡淡地听。茶卡的十一座盐雕获得世界纪录协会颁布的世界最大户外盐雕艺术群认证，创下了世界纪录，但我就是不动心，只当奇观听。就如同从台湾回来的朋友说到台南有名的七股山盐雕，我也仅

◎清　邹喆　松林僧话图

仅是这么静静地听着一样。

是岁月已深，我波澜不惊了吗？时光确实给了我一些从容、淡定，我的心却一直是有温度的啊。跟着心走，那些能让我越发沉静，抑或让安静的我波澜起伏的一切，我都会深深地印在心底。也许是平常的一句话，也许是平实的一个故事，也许是偶遇时的一丝微澜，凡是打动了我的心的，我都记下了。

茶卡盐雕、七股山盐山，却远没有拜城的一只盐碗更能打动我。

那只盐碗，也是盐雕，原料取自新疆塔里木盆地一座盐头山的岩盐，据说至今全国仅有一个人会做，是一个濒临灭绝的民族手工艺品。节日来临，有客人到，主人才会拿出这只包裹了一层又一层的盐碗，吃手抓肉时不用放盐，肉直接放在盐碗里，吃起来味道鲜美极了。

这只仅存的盐碗是不能经常用的，否则很快就会壁穿。若再做，既不容易选料，又费时费力，最重要的，是至今只有一个人会做这样的盐碗。任何一种文化濒临消逝，都会让人心痛的啊。我的心底涌起好一阵忧伤。

这个世界上，如拜城的最后一只盐碗一样，让人痛惜又无奈的东西太多了。童年丢失，真实不再，尊严扫地，幸福难觅，甚至最基本的信任也荡然无存。失却了对自然的膜拜，失却了对文化的礼敬，失却了对生命的信仰，活得无根无系、飘忽不定，那是多么的悲哀！

于是，大家开始不同形式的行走：女友鸿，致力于公益环保十几年，她以“地球女儿”的身姿，行走在衡水湖畔，也行走在心灵环保的路上；作家闻章，以人格魅力和大智慧感召着每一个人，癸巳夏，他随从领队田鹏等十几人，从石家庄出发步行至五台山，一步一步，走到莲花开；学者汉风，以弘扬国学为己任，学养和人格俱馨，他和徐州几个著名的教授、专家一起，办起了中国第一所公益性质的民间书院——彭城书院，多年里，他带领学员，不辍行走在中华文化

◎南宋　马远　踏歌图

中……

如今，我只身一人，行走在盐文化之旅，从历史的深处寻找文化给予我的安静和感动。山一程，水一程，我的收获，却远远在我期待的山水之外。

# 尾声：味生活之道

一年多的盐路行走，在甲午的秋日画了句号。

一年余满满的收获，让我的心情如老农一样喜悦。只是那份喜悦太厚重，厚重得化开了，只能于淡处捉。性灵的丰盈，本也是大秋后打麦场一样实在的空。玉米、大豆、高粱……都来过；玉米、大豆、高粱……都没了。若有若无，恰是最好。

行走之初，总有朋友不解：盐有什么可写的？盐路有什么可走的？确实，盐和空气一样，虽说人人都离不了，但也最容易被疏忽、忘记，亦如我们身边的亲人。

我是一个有文化情结的人，我喜欢站在文化的视角用灵魂去过滤一切值得过滤的东西。我曾经这样滤过茶，如今也想这样滤盐。不这样过滤，谁会知道茶是怎样香的，盐是怎样咸的。通过这样的过滤，我也想唤起人们的文化记忆。

没有想到的是：不知不觉中，我也让盐文化滤过了。从远古的夙沙氏，到第一个推行盐铁专卖的管仲；从黄帝到尧、舜、禹；从猗顿到胶鬲到晋商、徽商、陕商、津商……海河托起了天津卫，古运河托起了扬州城，一粒盐，托起了中华文化，托起了中国文明史。盐路行走，我整个人让中华文化腌渍了。闻章老师说我“越来越咸（贤）了”。我好惭愧，也真高兴。

盐路行走，所到之处，多是昔日的富庶。一路上，行者寥寥，人们都奔了那些热闹的去处。盐，曾给中国带来一路富庶，今日，那些盐路，却很少有人光顾。就如同中华文化，自古至今，滋养着每一个华夏儿女的身心，可很多人，却离中华文化渐行渐远，不知归处。幸运的是，这样的行走，让我找到了身心安处。

任何行走，都是为的寻找；任何寻找，都是为的落地。当尘埃落定，你会发现，行走是个圆，出发和回归，都是一个原始点。我从盐出发，一路寂寞，一路旖旎，走回来，还是那一粒盐。那如此说来，我的行走是不是了无意义呢？当然不是。这就如同“看山是山，看水是水”“看山不是山，看水不是水”“看山还是山，看水还是水”的三层境界，山还是那座山，水还是那道水，盐也还是那粒盐，看风景的你我，心打开了，心落地了，就会发现：一切，都不过是原来的那个样子。这样的时候，心特踏实。

柴米油盐，说起来不过就是平常的日子。活着活着，我们不甘于日复一日的平常日子，总想往外折腾；折腾了半天，最终还是都回归到平常的日子。因为平常的日子，让心落了地，让人特踏实。家居的日子、文化的日子、心灵的日子，都是这样的日子。如果尚没找到，你也一定行走在回归的路上。

朋友也在行走，他去了云南的鸡足山，和华首放光寺的慈法法师在池边闲坐。法师一手好字，朋友请法师赐字：至味无味。法师无语，缓缓绕池一圈，说：“至味无味，还是没有脱开一个‘味’字啊。”随手挥笔，写下了四个大字：益利有情。朋友当下眼角湿润。

我听后惭愧。绕了半天，我无非还是试图说透盐之味、生活之味。其实盐作为“百味之祖”，它的真味就在于益利有情。盐文化、中华文化，其真味都在于此啊。

那么，我这本书里的一切行走，包括灵魂的行走，其目的地，都是“益利有情”。如此，欢喜，释然。